# Empalabrar la enfermedad

Colección El Pozo de Siquén

494

José Carlos Bermejo

# EMPALABRAR
# LA ENFERMEDAD

*Para visitar al enfermo*

SEGUNDA EDICIÓN

MIXTO
Papel | Apoyando la
silvicultura responsable
FSC
www.fsc.org
FSC® C217642

# Índice

TERCERA PARTE

## Narrativa del morir y el duelo

CUARTA PARTE

## Escucha y acompañamiento

## QUINTA PARTE
### Esperanza y soledad no deseada

# Introducción

¿Qué decir? ¿Qué no decir? ¿Cómo comportarse en la visita al enfermo, en el acompañamiento al doliente, en el tanatorio? Uno querría tener las palabras hechas y ya preparadas, los sentimientos conectados, los gestos acompasados y el potencial de consuelo elevado a la máxima potencia.

Sin embargo, el encuentro con la persona que sufre nos provoca, antes que nada, una incomodidad de tal calibre que se nos impone un ejercicio de humildad.

Durante años, he intentado ofrecer recursos para quienes, por un motivo u otro, queremos acompañar bien a los enfermos y a los dolientes. Libros, artículos, conferencias, ilustraciones... fruto de la experiencia y el aprendizaje acumulado como religioso camilo. También fruto del aprendizaje en aula, entrenando y supervisando escenas que representan momentos difíciles en los que queremos hacer el bien con nuestra presencia y con una comunicación adecuada.

Tengo en mi haber la satisfacción de que algunos trabajos se han convertido en clásicos porque se han usado y se usan aquí y allá, en un continente y en otro para humanizar la visita al enfermo y el acompañamiento, o esas otras formas más organizadas, como las de los Centros de Escucha San Camilo, donde se practica el *counselling humanista*. Es el caso del pequeño libro *Apuntes de relación de ayuda* o *Introducción al* counselling, así como esos que lo aterrizan en el campo de la salud, de la acción social, de los mayores, el educativo, el mundo paliativo o del duelo. Son numerosos. También me ha satisfecho mucho saber que aquellas recopilaciones de cuentos publicados con el sello Sal Terrae han visto decenas de ediciones por su utilidad para su uso individual o colectivo.

Entonces, ¿por qué este nuevo libro? El mismo título lo revela. La narrativa del sufrir tiene el potencial de ayudar, tanto a quien se libera contándolo como a quien lo escucha. Y el verbo *empalabrar* lo recoge de manera fuerte. Es el mundo de la ética del cuidar hecho encuentro en el que hablamos, nos decimos, aireamos nuestro sufrir. Y en estos tiempos, algunas obras se presentan de manera especialmente significativas. Yo las pongo en valor, porque aprecio mucho a quien, en primera persona, nos regala las palabras que describen y humanizan el malestar poniéndolo fuera de sí, en el corazón de quien escucha.

Sin duda, no tengo la receta para lo que hemos de decir al enfermo, al doliente. Afortunadamente, digo yo, no hay palabras prefabricadas. El papa Francisco, en el Ángelus del 10 de diciembre de 2023 nos invitó a «liberarnos de la contaminación de las palabras vanas y de la palabrería». Es una hermosísima propuesta, un precioso desafío. En otro momento refirió la oportunidad de hacer «ayuno de palabras». Sin embargo, también la palabra es necesaria, oportuna, eficaz. Puede tener un inmenso valor y poder. Vale la pena repensar cómo acompañar, cómo es posible cualificar la escucha en el sufrimiento, como regalar interés compasivo genuino, hospitalidad afectiva y efectiva.

El encuentro de Jesús de Nazaret con los enfermos y personas en situación de exclusión y marginación es el referente más humanizador posible. Su persona y su presencia, ternura y compasión se muestran eficaces y liberadoras, sanantes e inclusivas. En ocasiones basta una pregunta para romper la dinámica perversa del sufrir: «¿Quieres curarte?» (Jn 5,6), o «¿Cómo te llamas?» (Mc 5,9), «¿Qué quieres que haga por ti?» (Mc 10,51). En algunos momentos, la reacción en el encuentro es sencillamente impresionante: «Una palabra tuya, bastará para sanarme» (Mt 8,8).

En estas páginas, he querido asomarme a la narrativa del enfermar y del morir, así como a los duelistas que, tras la muerte de un ser querido, han empalabrado su aflicción. Cito con abundancia algunos trabajos de estas décadas y otros anteriores, invitando a acercarse a ellos por su belleza literaria y por el valor humanizador que hay en el coraje de contar el sufrir, empalabrarlo.

Mirado desde este foco, también Miguel de Cervantes puede ser considerado no solo como un gran escritor, quizás el mejor de todos los tiempos, sino también escritor-médico, debido a los grandes saberes de la medicina de su tiempo que poseía y que fueron expuestos en sus diversas obras[1]. «A los médicos sabios, prudentes y discretos los pondré sobre mi cabeza y los honraré como personas divinas», dice en *Don Quijote de la Mancha.*

Quiero soñar estas páginas en las manos de muchos. Las quiero soñar como ayuda para humanizar la visita al enfermo, como instrumento útil para hacernos cargo empáticamente de cuanto el ser humano vive en la estación de la enfermedad, del morir y del duelo, de modo que la respuesta compasiva merezca la densa y responsable reacción hecha también palabra que alivia, consuela e infunde esperanza. Nunca será palabra facilona, nunca será moralizante o solamente exhortativa, sino que nacerá del silencio del Sábado Santo que, pedagógicamente, prepara un futuro empalabrado tras la contemplación solidaria de la cruz del viernes.

---

[1]  F. Fernández Muñoz, *La salud y la enfermedad en el Quijote*, Punto Rojo, Sevilla 2019, 75.

# Primera parte

## NARRATIVA DEL SUFRIR

*Olga tiene 38 años, muere en cuidados paliativos en la preciosa Unidad de Cuidados Paliativos San Camilo, en Madrid, con los síntomas controlados, rodeada de su marido y sus dos hijos, de los que se despide con mi acompañamiento en el rol de asistente espiritual.*

*Daniel tiene 2 años. Acaba de morir y está en brazos de su madre. La encuentro en un pobre hospital en Guinea Ecuatorial, África. Su marido ha ido en bicicleta a otro poblado a buscar una sonda nasogástrica para nutrir al niño. Permanece sin reacción, como una momia, sentada en el camastro, en una sala para 30 enfermos, que observan sin reacción ni sorpresa.*

*Mónica tiene 13 años. Durante más de un año, su padre ha abusado sexualmente de ella, con conocimiento de su madre, en Medellín, Colombia. Ahora él está en la cárcel. Mónica dice que no aguanta sin relaciones sexuales una semana entera: las necesita. Desea la muerte de su padre. La escucho en un improvisado Centro de Escucha, con ocasión del Congreso, después de que haya estado esperando en la fila para contarme su sufrimiento.*

*Lola tiene 64 años. La trae a nuestro Centro de Escucha San Camilo, en Madrid, una voluntaria de Cáritas, por indicación de su párroco. La recibo y ejerzo de mediador para las relaciones de ayuda en su duelo. Han muerto 4 hijos por la enfermedad hereditaria de Corea de Huntington y una por suicidio, además de su marido. Atraviesa un duelo complicado.*

*Pedro vive en El Salvador, América Central. Tiene 56 años. No tiene seguridad social, porque su trabajo no está formalizado. En casa están sus 6 hijos, que viven hacinados. Su mujer está en el hospital con una enfermedad oncológica y un tratamiento que no puede pagar. Sigue haciendo de taxista, como lo hace conmigo, y trabaja más de 12 horas al día para mantener como puede a la familia.*

*Alberto ha perdido a su hijo de manera súbita, despeñado por la montaña mientras hacían senderismo. Me dice que no encuentra palabras para describir su sufrimiento, que cree que la religión es solo un constructo para consolarnos en el dolor. Él creía antes, pero ahora está buscando el consuelo en sus lecturas de filosofía, sin encontrarlo.*

*Juan tiene 68 años. Camina de rodillas hacia el santuario. Va sangrando y dejando la mancha en el suelo, suavizado por la última reforma. Quiere ofrecer su sufrimiento para que se cure su hija por un milagro de la Virgen. Ha hecho un largo viaje para llegar al Santuario, puesto que vive a muchos kilómetros de distancia.*

*María es prostituta. Le encuentro en la rotonda, en la carretera, donde me cuenta que ha vuelto, después de un tiempo de enfermedad, porque no tiene otros ingresos. Cobra 40 o 60, según el servicio, y necesita el dinero para los libros de su hijo, al que deja en casa solo, para salir a «trabajar».*

Conocen ustedes… Y seguir sería solo mostrar la cara de la vulnerabilidad y del sufrimiento que se encarna en diferentes contextos, con connotaciones diferentes en función de numerosas variables personales, sociales, psicológicas, económicas, políticas, espirituales, culturales… Pero, eso sí, el sufrimiento es personal. Intransferible. En ocasiones, inenarrable, imposible de cartografiar[1].

No obstante, con gusto voy a compartir algunas reflexiones realizadas con humildad, y que presentaré a forma de hilván de claves que me parece que pueden iluminar el tema del sufrir humano, desde una perspectiva antropológica. Daré 9 «puntadas» a este hilván provisional, deseando provocar el diálogo.

## 1. *Silentium*

En el sínodo sobre la sinodalidad se proponía una escucha que, en ocasiones, ha de contemplar el «ayuno de la

---

[1] «Nadie tiene derecho a definir definitivamente los contornos precisos de la vivencia o la experiencia del sufrimiento, ni a cartografiar su territorio con precisión quirúrgica, porque eso supondría arrogarse la potestad de decidir quién y en qué momento sufre y quién no». N. Bueno Gómez, *Filosofía del sufrimiento*, Tirant humanidades, Valencia 2022, 12.

palabra»[2]. Sí, decía Calderón de la Barca: «Cuando tan torpe la razón se halla, mejor habla, señor, quien mejor calla». Y quizás eso es lo que debería hacer yo: callar, y dejar al silencio que permita el eco de los gritos de la humanidad, nacidos del sufrir multiforme.

Hablar del sufrimiento es, en parte, siempre, una osadía, si no es un hablar conjugado en primera persona. Son frecuentemente citadas las palabras del cardenal Veuillot, arzobispo de París, quien dijo: «Sabemos decir cosas bonitas sobre el sufrimiento. Yo mismo he hablado de ello con calidez. Decidles a los sacerdotes que no digan nada al respecto: no sabemos lo que es, y lloré por ello»[3]. Y es que, en efecto, frente al misterio, la actitud más respetuosa es el silencio[4].

Con ayuda de sociólogos y psicólogos, hablamos no solo de sufrimiento, sino de malestar social, término más amplio, que se une a los indicadores de pobreza monetaria, exclusión social, pero también a problemas de falta de sentido, contextos violentos y criminales, de adicciones y de problemas de diferente naturaleza. Frecuentemente, el malestar tiene que ver con la gestión de los sentimientos, según el desarrollo evolutivo[5]. Si es

---

[2] FRANCISCO, *Apertura de la primera Congregación General del Sínodo*, 4 de octubre de 2023.

[3] E. GÓMEZ NAVARRO, *¿Por qué a mí? ¿Por qué ahora? Y ¿Por qué no?*, Desclée De Brouwer, Bilbao 2009, 15.

[4] F. TORRALBA, *El sufrimiento: una exploración conceptual. La cuestión del sentido*, en: R. M. BOIXAREU (coord.), *De la antropología filosófica a la antropología de la salud*, Herder, Barcelona 2008

[5] E. BRUNI et al., *La prevenzione del disagio e delle dipendenze patologiche in età evolutiva*, Franco Angeli, Milano 2007, 23.

cierto que el malestar social caracteriza todas las experiencias humanas, se encarna en algunas civilizaciones especialmente y en algunas personas, llevando incluso al suicidio[6].

Levantar acta de la cantidad, variedad e intensidad del sufrimiento humano nos pondrá siempre ante nuestro propio límite, haciendo de la palabra osadía: ¿qué decir ante un enfermo mental, ante un enfermo en estado vegetativo, ante la matanza de inocentes, el abuso de menores, etc.? La razón quizás no tiene nada que decir, sino elevar un lamento, gritar la protesta[7] y desencadenar la compasión efectiva.

La desigualdad en materia de salud es tan grande en el mundo, que quizás no se puede hacer antropología ni teología sin tener en cuenta la vigilancia crítica reflexiva que no se escore hacia la teología del mármol[8], sino que sea hecha como teología del fango, desde las lágrimas compasivas[9].

En la mayor parte del mundo se muere con dolor. En la mayor parte del mundo se muere de enfermedades evitables, curables, pero sin contar con recursos para curarlas. Entre pobreza y enfermedad hay un estrecho vínculo escandaloso que hace que muchas de las enfermedades

[6] M. Neva, *Disagio giovanile e suicidio*, Paoline, Milano 2003, 52.

[7] M. Bizzotto, «La sofferenza sfida la ragione e la fede»: en *Salute, guarigione e salvezza*, *Credere oggi* 25/145 (2005), 35.

[8] J. C. Bermejo, *Más corazón en las manos. Misericordia y humanización*, Sal Terrae, Santander 2016, 92.

[9] Francisco, *El don de las lágrimas*, Misas matutinas en la Domus Sanctae Martae, 25 de mayo de 2018.

sean una manifestación de la pobreza[10]. Hablamos de agua potable, de alimentación, de vacunación, de condiciones habitacionales, de higiene. Hablamos de lo que, en el mundo así llamado desarrollado, damos por descontado cuando pensamos en parámetros de salud, porque nos movemos en coordenadas de derroche, abundancia y, en todo caso, sistemas de protección sanitaria universalizada.

Con todo, cuando hablamos de sufrimiento no lo hacemos necesariamente como un ciego pudiera hablar del color; porque no hay límites exactos entre el sufrir y no sufrir, porque «el hambre futura ya le convierte hoy en un hambriento»[11]. «Dime cuál es tu relación con el dolor y te diré quién eres»[12], dime en qué tipo de dolor piensas y te diré quién eres y quizás dónde vives...

## 2. *Vulnerabilis*

Hablar de antropología de la enfermedad y del sufrimiento es hablar de vulnerabilidad humana. Tradicionalmente, una mirada no solo médica, sino también psicológica, antropológica, al sufrir humano, lleva enseguida a distinguir entre dolor y sufrimiento.

Consideramos el sufrimiento como la «respuesta negativa inducida por el dolor y también por el miedo,

---

[10] J. C. Bermejo (ed.), *Salud y justicia*, PPC, Madrid 2008.

[11] Thomas Hobbes, en: R. Spaemann, *El sentido del sufrimiento,* https://loyol.ink/eht9a, consultado en febrero de 2025.

[12] E. Jünger, *Sobre el dolor,* Tusquets Editores, Barcelona 1995, 13.

la ansiedad, el estrés, la pérdida de objetos afectivos y otros estados psicológicos». Eric Cassell lo define como «el estado de malestar inducido por la amenaza de la pérdida de la integridad o desintegración de la persona, con independencia de su causa»[13].

La Asociación Internacional para el Estudio del Dolor (IASP) reza así: «El dolor es una experiencia sensorial y emocional desagradable asociada a un daño real o potencial en un tejido, o descrito en términos de dicho daño»[14]. Pero el tema de la nocicepción es bien complejo.

Las personas que padecen dolor declaran con frecuencia que únicamente sufren cuando su origen es desconocido, cuando creen que no puede ser aliviado, cuando su significado es funesto, cuando lo perciben como una *amenaza*. Como afirma Bayés, «el dolor se transforma en sufrimiento cuando se teme su prolongación, reaparición o intensificación en el futuro *sin posibilidad de control*»[15]. No entro aquí en el dolor y sufrimiento de los niños (no conceptualizado por ellos mismos) y eventualmente, en el de los animales.

---

[13] E. CASSELL, «The Nature of Suffering and the Goals of Medicine»: *New England Journal of Medicine* 306/11 (1992), 639.

[14] D. FAJARDO-CHICA, «Sobre el concepto de dolor total»: *Rev. de Salud Pública* (México) 22/3 (2020), 370.

[15] Aunque, a partir de un cierto grado de intensidad, hay que reconocer que el dolor corporal como tal ya es sufrimiento, mientras que un dolor de intensidad tolerable presta una función de campanilla de alarma útil para los procesos diagnósticos. L. SANDRIN, *Cómo afrontar el dolor. Aceptar y comprender el sufrimiento*, San Pablo, Madrid 1993.

Ahora bien, en los tiempos recientes, con la aparición del concepto de «dolor total»[16], las distinciones entre dolor y sufrimiento son más difíciles. La naturaleza multidimensional, tanto del dolor como del sufrimiento, hace que se desdibujen las fronteras entre ellos. Uno y otro requieren un modelo de intervención multifactorial que comprenda medidas farmacológicas, relacionales, psicoterapéuticas, rehabilitadoras, espirituales, de confort espacial, entre otras. Es decir, reclama una hospitalidad personal e institucional, no solo un tratamiento farmacológico uno, y espiritual otro. El sufrimiento es siempre un fenómeno complejo, como lo es la estructura multidimensional del ser humano y el no poder tener ningún seguro contra él[17].

Ya decía san Juan de la Cruz: «¡Cuántos daños hacen los demonios en las almas por medio de la memoria [...]; cuántas tristezas y aflicciones»[18], evocando así formas de sufrimiento que no radican en los estímulos físicos, no vinculadas con el dolor físico, sino con la gestión del mundo emocional y espiritual, en particular, de la memoria.

Sin duda, la enfermedad y la muerte son la cara más natural de la vulnerabilidad humana. «La enfermedad es el lado nocturno de la vida, una ciudadanía más cara. A todos, al nacer, nos otorgan una doble ciudadanía, la del

---

[16] D. Fajardo-Chica, «Sobre el concepto de dolor total», *op. cit.*, 368. «Dolor total» fue el término usado por Saunders para describir los sufrimientos de personas que mueren de cáncer.

[17] E. Jünger, *Sobre el dolor*, *op. cit.*, 272.

[18] San Juan de la Cruz, *Subida al Monte Carmelo*, 3 S, 4.

reino de los sanos y la del reino de los enfermos», dice Susan Sontag[19]. Lo que más nos distinguirá después será la protección sanitaria ante esta vulnerabilidad, que dependerá del código postal y la latitud en la que hayamos nacido, es decir, la vulnerabilización humana.

Lo que quiere demostrar Sontag es que la enfermedad no es una metáfora, y que el modo más auténtico de encarar la enfermedad –el modo más sano de estar enfermo– es el que menos se presta y mejor resiste al pensamiento metafórico. Sin embargo, es casi imposible residir en el reino de los enfermos sin dejarse influenciar por las siniestras metáforas con que han pintado su paisaje. Aclarar estas metáforas y liberarnos de ellas es la finalidad a la que consagra uno de sus trabajos: *La enfermedad y sus metáforas*, para emprender el camino de eliminación de la idea de «guerra» o «batalla», entre otras.

Estar enfermo, en efecto, es un ejercicio de inmensa humildad. Anne Boyer, en un reciente trabajo de reflexión sobre la enfermedad en el mundo capitalista lo describe así: «Pareces demacrado, tienes ojeras, la cara hinchada o los rasgos deformados, caminas como a rastras y no tienes chispa, a duras penas mantienes la cabeza sobre los hombros, lo que estás diciendo no es muy coherente, estás que te subes por las paredes, te echas a llorar a la mínima, lo que dices es un galimatías, lloras y dices: "Estoy cansado", y dices "estoy agotado" y lloras porque

---

[19]   S. Sontag, *La enfermedad y sus metáforas*, Debolsillo, Barcelona 2014, 11.

estás muy cansado. Una persona agotada, se esforzará en parecerlo menos, puesto que esforzarse es lo suyo»[20]. Esta es la vulnerabilidad mostrada en su sentido transparente y accesible a los sentidos.

La sociedad está evolucionando hacia una forma de algofobia[21] que da paso a la reivindicación de la responsabilidad[22] y de la autonomía sin límite en la gestión de la propia vida, incluida la decisión de cuándo terminar con ella en caso de sufrimiento experimentado en contexto eutanásico.

El tema de la soledad sufrida, no deseada, es de suma importancia hoy. Se interesan por él los gobiernos locales, autonómicos, estatales, de diferentes formas. Se interesa por él el mundo del mercado. Como también los servicios sociales y el sector de la construcción de casas y apartamentos, y no solo la sociología. Japón y el Reino Unido han dado una respuesta organizada, creando un Ministerio o una Secretaría de Estado para la atención a este fenómeno que, en otros lugares, se estudia en su precio monetario en materia de salud, por los diferentes y significativos impactos que tiene[23]. La reflexión sobre

---

[20] A. BOYER, *Desmorir. Una reflexión sobre la enfermedad en un mundo capitalista*, Sexto piso, México 2021, 217.

[21] J. C. BERMEJO, R. M.ª BELDA, *¡No quiero sufrir! Sobre la eutanasia y otras cuestiones bioéticas del final de la vida*, Sal Terrae, Santander 2021.

[22] H. KÜNG y W. JENS, *Morir con dignidad, un alegato a favor de la responsabilidad*, Trotta, Madrid 1997.

[23] ONCE, *El coste de la soledad no deseada en España*, Nextoor, Madrid 2023.

la soledad no deseada[24], la soledad sufrida, lleva pareja también la conciencia de la multiplicidad de formas de sufrimiento humano[25].

## 3. *Patiens*

«El dolor demanda una explicación»[26], dice un autor desde su experiencia de enfermedad. En efecto, el sufrimiento nos hace interrogarnos. Aunque no siempre. En ocasiones, el sufrir se produce en una situación de expropiación de algunas cualidades humanas, en un modo en que lo biológico toma un plano tan principal que diluye las posibilidades reflexivas, y, por tanto, anula todo razonamiento filosófico, espiritual, así como toda posibilidad orante y, de alguna manera, responsable. Expropiados por la biología. Así lo experimentará también Teresa de Jesús: los males corporales –la enfermedad– hacen que se le turbe el entendimiento, «que ninguna cosa de Dios puedo pensar ni sé en qué ley vivo» (CC 1), además de su «muero porque no muero»[27].

Sabemos, como dice Sandrin que, en todo caso, la pregunta por el sentido se presenta, a veces, en el

---

[24] C. Santamaría, J. C. Bermejo, *Humanizar la soledad. Comprenderla y acompañarla*, Desclée De Brouwer, Bilbao 2022.

[25] X. Zubiri, *La soledad sonora*, Taurus, Madrid 2006.

[26] S. Alba Rico, *Ser o no ser (un cuerpo)*, Seix Barral, Barcelona 2017, 168.

[27] N. Gómez Bueno, *Las experiencias del sufrimiento en la mística cristiana femenina. Teresa de Ávila, Gema Galgani, Marthe Robin y Simone Weil*, PPC, Madrid 2023, 56.

malestar y en el sufrimiento, como expresión universal: «¿Qué he hecho de malo? ¿Por qué a mí?». O bien «¿Qué le he hecho yo a Dios?». El sentimiento de culpa, incluso inconsciente, por una transgresión involuntaria genera la pregunta[28].

Las preguntas por el sentido son connaturales a la humanidad de la persona[29] y las plantea tanto el creyente como el que solo está convencido de una naturaleza irracional e inexplicable de la realidad que le rodea. Esta pregunta implica la necesidad de afirmarse y reconocerse a sí mismo, comprender la situación, dar un sentido a la propia vida, al propio sufrimiento y a la muerte. Es una necesidad de saber a dónde se va, por dónde se sale, a través de qué momentos misteriosos y angustiosos hay que pasar, además de ser oportunidad de expresar los propios miedos, inquietudes, desesperación, así como la propia esperanza de estar vivo hasta el último momento de la muerte[30].

Para el que sufre, la respuesta de Dios a la pregunta por el sentido, su amor, pasa a través del servicio de la comunidad. El sufrimiento del otro se convierte en una *pro-vocación* y, la pregunta dirigida a Dios es devuelta al ser humano y se transforma, a su vez,

---

[28] L. Sandrin (a cura di), *Che cosa ho fatto di male? Malattia e senso di colpa*, Camilliane, Torino 1999, 7.

[29] F. Laplantine, *Antropología de la enfermedad*, Ediciones del Sol, Buenos Aires 1965.

[30] M. Petrini M., «Morente, accompagnamento», en G. Cinà, E. Locci, C. Rocchetta, L. Sandrin (a cura di), *Dizionario di teologia pastorale sanitaria*, Camilliane, Torino 1992, 756.

en otra inevitable pregunta. Entonces, «¿Qué hecho de mal a Dios?», se reformula por el prójimo: «¿Qué no he hecho o no estoy haciendo para que el otro no sufra?». Cuando la persona pregunta a Dios: «¿Dónde estás?», Dios pregunta al ser humano: «Y tú, ¿dónde estás tú? ¿Dónde estoy yo en tu vida? ¿Dónde está tu corazón? ¿A dónde te llevan tus caminos?». Somos responsables de que no sea verdadero el verso del poeta español Manuel Alcántara: «un hombre soy de tierra, y Dios no llueve»[31].

Pero ¿está todavía viva la pregunta «¿Por qué a mí?», o bien ya está muriendo o ha muerto, sin parir todavía aquella otra tan necesaria y urgente: «¿Por qué a ti?», «¿Por qué a él?». Con Tolstói, podríamos dejarnos interpelar diciendo: «No entiendo qué se supone que he de hacer»[32]. En efecto, podemos sufrir más en la imaginación que en la realidad, como ya dijo Séneca[33], y hoy añadiríamos en la valoración cognitiva que hacemos del estímulo y de la elaboración sobre su sinsentido. De ahí que, actualmente, se considere también el sufrimiento espiritual o existencial como síntoma refractario que justifica una buena praxis de la sedación paliativa[34].

---

[31] M. ALCÁNTARA, *Manera de silencio*, Ágora, Madrid 1955.

[32] L. TOLSTÓI, *La muerte de Iván Ilich*, Alba editorial, Madrid 2025.

[33] SÉNECA *Cartas morales a Lucilio, carta 13*, Cátedra, Madrid 2018.

[34] J. L. BONAFONTE MARTELES (coord.) *et al.*, *Reflexiones sobre la sedación por sufrimiento espiritual y/o existencial*, Ediciones San Juan de Dios, Barcelona 2018.

«¿Dónde está Dios entonces, en el sufrimiento? Quizás un día, alineada la naturaleza humana también con el resto, vulnerable, limitada, finita, nos demos cuenta, aun quedándonos insatisfechos, de que Dios habita donde lo dejamos entrar»[35].

En su belleza inagotable, en la Sagrada Escritura encontramos, además de la experiencia del drama de la caducidad humana[36], el empeño de intentar consolar a Job –el hombre sufriente de siempre– sin escucharlo, con seudoconsuelos baratos. El libro nos presenta la cruda y realista reacción: «¿Dónde está Dios? ¿Me ha dejado solo? ¿Alguien me escucha? ¿Hay alguien ahí?»[37]. Les dirá a sus amigos que cesen de acribillarlo con sus palabras, que son de aire, huecas; porque también él sabría decirlas si estuviera en su lugar. Les reclama escucha y comprensión. Pero llegará la voz de Dios que, en el capítulo 37 le pedirá que deje de lamentarse y escuche también él: «Escucha esto, Job; detente y considera las maravillas de Dios», haciendo un paseo por las nubes,

---

[35] Es él mismo el que nos suscita la pregunta que, si por un lado le busca, por otro lado, revela nuestra naturaleza y, a veces, nos permite silenciar aquella otra: ¿dónde estoy yo en relación a mi hermano? Porque, ciertamente, la mayor parte del sufrimiento está en el terreno de lo evitable. En efecto, a la cultura de hoy le gusta mucho distinguir entre sufrimiento evitable y sufrimiento inevitable, sufrimiento útil e inútil. Esta última, sobre todo con Simone Weil. S. WEIL, *La conciencia del dolor y la belleza*, Trotta, Madrid 2013.

[36] PONTIFICIA COMISIÓN BÍBLICA, *¿Qué es el hombre? Un itinerario de antropología bíblica*, BAC, Madrid 2020, 35.

[37] A. CANO, «Escuchar a quien sufre»: *La Civiltà cattolica*, 4 de agosto de 2023, https://loyol.ink/m1e13

las aves, los animales y su belleza y majestuosidad. Este es el desafío: escuchar, también desde el dolor, a la naturaleza (Job 37,14). Los amigos de Job, con sus respuestas teóricas, solo consiguen irritarlo y Dios, en lugar de responder a sus preguntas, le hace callar.

Una interesante postura la encontramos encarnada en las palabras de Iván, personaje de *Los hermanos Karamazov* de Dostoievski: «No. Deja que te diga en pocas palabras que el resultado final de este mundo de Dios, yo no lo acepto, aunque sé que existe, pero no lo reconozco. No es a Dios a quien no acepto, intenta comprenderme, es el mundo por él creado lo que no acepto y no puedo aceptar. Me explicaré mejor: estoy convencido como un niño que el dolor se curará y desaparecerá [...]. Sí, sí, que todo esto suceda, que sea como quiera, ¡pero yo no lo acepto y no lo quiero aceptar! [...]. Si es justo pagar un precio tan alto para que haya armonía, mi bolsillo no me permite pagar un billete de entrada tan caro. Por eso, enseguida lo devuelvo. [...] No es que yo no reconozca a Dios, Alesa, sino que muy devotamente le devuelvo mi billete de entrada»[38].

La aportación del conocido psiquiatra judío vienés, Viktor E. Frankl, en clave logoterapéutica, es: «Todo el que tiene un porqué, puede soportar cualquier cómo», clave que desafía a conjugar los valores de actitud ante lo inevitable[39], quizás desplazando la cuestión: ¿qué

---

[38] Citado en G. GRESHAKE, *Il prezzo dell'amore. Riflessione sul dolore*, Morcelliana, Brescia 1983, 45-46.

[39] V. E. FRANKL, *El hombre en busca de sentido*, Herder, Barcelona 2015.

sentido tiene el sufrimiento?, hacia ¿qué sentido tiene la vida, aún en medio del sufrimiento? El sujeto que atribuye un significado, mientras puede, es dueño de su vida, aún en medio de la esclavitud: libre de elegir el modo de vivir el sufrimiento inevitable. «El sufrimiento –dice Frankl– para tener sentido, no puede ser un fin en sí mismo». La disposición al sacrificio puede generar en masoquismo. Y solo tiene sentido, según él, si es vivido por alguien en clave de sacrificio o, como dirá Lévinas, cuando es lógico (no inútil), es decir, cuando es un medio para alcanzar un determinado fin que, por su naturaleza, produce dolor o sufrimiento[40].

Teilhard de Chardin[41] acuñó la expresión *pasividades*, y la actitud de aceptar las pasividades de disminución, todo aquello que acontece fuera de nuestro concurso, lo que no podemos causar ni evitar ni manejar, eso que nunca tenemos bajo control; no solo las pasividades de crecimiento, sino también las pasividades de disminución, cuya máxima expresión es la muerte. Más que hacer o hacerse, recibir o recibirse, es disminuir para ser vivido, pactando con la minoración, descubriendo a Dios en lo recóndito de la oscuridad de la muerte. Quizás esté en línea con «la noche oscura» de Juan de la Cruz. O quizás estamos más necesitados de una antropología y una teología sobre

---

[40] E. LÉVINAS, *El tiempo y el otro*, Paidós, Barcelona 1993, 109-110.

[41] P. TEILHARD DE CHARDIN, *El medio divino,* Trotta, Madrid 2021, 47.

«el milagro de la ternura»[42] que de teodiceas desde el sufrimiento e incluso *sociodiceas* del sufrir[43].

Mientras tanto, las religiones, en época preanalgésica, han hecho propuestas de espiritualidad, incluyendo en el mismo concepto de sufrimiento (o dolor) tanto el que procede de la naturaleza como característico propio del azar, la casualidad y la libertad, como el sufrimiento que procede del mal que es capaz de hacer el ser humano (pecado), como el que es consecuencia del amar, a pesar de los sacrificios que esto comporta (sufrimiento ministerial). Las propuestas de ofrecimiento del sufrimiento en clave corredentora, por otro lado, han podido, como recordaba Benedicto XVI, exagerar[44] y producir un

---

[42] C. Rochetta, *Teología de la ternura*, Secretariado Trinitario, Salamanca 2013. Del «milagro de la ternura que acompañe a quien está en la noche de la prueba», ha hablado Francisco desde el Gemelli, en el Ángelus del 9 de marzo de 2025.

[43] N. Bueno Gómez, *Filosofía del sufrimiento*, Tirant Humanidades, Valencia 2022, 97.

[44] Benedicto XVI, *Spe salvi*, 40. «La idea de poder ofrecer las pequeñas dificultades cotidianas, que nos aquejan una y otra vez como punzadas más o menos molestas, dándoles un sentido, era parte de una devoción todavía muy difundida hasta no hace mucho tiempo, aunque hoy tal vez menos practicada. En esta devoción había sin duda cosas exageradas y quizás hasta malsanas, pero conviene preguntarse si acaso no comportaba de algún modo algo esencial que pudiera sernos de ayuda. ¿Qué quiere decir "ofrecer"? Estas personas estaban convencidas de poder incluir sus pequeñas dificultades en el gran com-padecer de Cristo, que así entraban a formar parte de algún modo del tesoro de compasión que necesita el género humano. De esta manera, las pequeñas contrariedades de la vida podrían encontrar también un sentido y contribuir a fomentar el bien y el amor entre los hombres».

*dolorismo* del que aún quedan resabios en algunos enfermos, que impiden buena praxis de alivio y paliación, cuando este es posible[45]. Quedan también actitudes de búsqueda del sufrimiento en lugares de peregrinación o expresiones populares de la religiosidad.

## 4. *Ars moriendi*

Como afirma Louis-Vincent Thomas, la humana es la única especie «para la cual la muerte biológica, hecho natural, se ve concretamente desbordada por la muerte como hecho de cultura»[46]. Se muere solo una vez, dijo

[45] Noelia GÓMEZ BUENO, *Las experiencias del sufrimiento en la mística cristiana femenina, op. cit.*, 14-15. Esta filósofa muestra los distintos enfoques al mirar al sufrimiento desde la fe, desde quienes validan la búsqueda del sufrimiento como camino de redención, a quienes sienten el consuelo en Cristo que ha tomado sobre sí todo el sufrimiento, pero no se justifica buscarlo. Afirma: «No hay una sola visión cristiana del sufrimiento, ni siquiera una sola visión católica del mismo. Sin embargo, está claro que, en el ámbito cristiano, y sobre todo católico, predomina, a lo largo de la historia, la idea de que el sufrimiento es algo bueno, que puede llegar a ser conveniente buscar y que puede ser enviado por Dios como una manifestación de su amor» (se trata del «filopasionismo» en la p. 45). Una humilde renuncia a la teodicea puede ser sana (p. 166). Sin metafísica, la compasión es el centro y el sufrimiento solo tendría sentido («sufrir por otro»), cuando es consecuencia de trabajar contra él (p. 172).

[46] L. V. THOMAS, *La muerte en Occidente*, Fondo de Cultura Económica, Madrid 1983, 12. Hoy crece una sensibilidad ante el sufrimiento vivido en femenino. El término *doloridad* da cuenta de ello, procedente de comunidades africanas, evocando la opresión y la violencia sistemática, así como la fuerza y la resiliencia. W. PIEDADE, *Doloridade,* Mandacaru, Rio de Janeiro 2021.

Camilo de Lelis, patrono de enfermos, enfermeros y hospitales, uno de sus últimos días: «Padre mío, se muere solo una vez, y ya no se vuelve a remediar el mal hecho; no tengo más que un poco de tiempo, y con todas mis fuerzas debo procurar salir vencedor en la temible prueba de la muerte... y así espero hacerlo»[47].

Mirar cara a cara la muerte natural y atravesarla con señorío y consciencia, es un lujo de algunos. Otros refieren preferir la muerte súbita, sin el sufrimiento de las pérdidas que se acumulan en el proceso.

Pero el morir constituye un enorme desafío para el ser humano. La obra de Tolstói es muy rica al respecto, destacando su relato *La muerte de Iván Ilich*, del que presentaremos algunos extractos en la tercera parte.

También Camilo de Lelis nos dejó una hermosa herencia por lo que se refiere al *ars moriendi*. Al final, a las personas que querían visitarlo, aunque fueran *principales*, les dio este recado: «Por mi amor que me excuséis con estos señores, que yo he ya recibido el Santo Óleo y me quiero retirar un poco dentro de mí mismo»[48].

El ideal de muerte sentido hoy mayoritariamente como un ideal no consciente reclama un morir repentino

---

[47] M. VANTI, *El espíritu de san Camilo*, Mensajero, Bilbao 2023, 234.

[48] Si una característica puede tener el morir para que este merezca el calificativo de digno es un morir apropiado. Nos encontramos ante el reto de no permitir que sea expropiado el concepto de «muerte digna» como referido solo a aquella muerte en la que se elige el cuándo. Porque, en efecto, morir dignamente no significa solo elegir el cuándo. S. CICATELLI, *Vida del P. Camilo de Lelis*, Camilos, Curia Provincial, Madrid 2001$^2$, 352.

que nos impediría vivir el morir[49]. El empeño de la ciencia, en cambio, lucha por posponerlo y promover una vida más larga. Esta vida prologada conlleva también la posibilidad de vivir más tiempo conviviendo con patologías largas, así como con otras degenerativas.

Quizás morir dignamente consista en hacer el esfuerzo por *adjetivar* el proceso personal y acompañar desde el entorno a adjetivar el final; una adjetivación que no hable de «muerte seca», sino «húmeda»[50], narrada desde la legítima rareza. Una muerte sería tanto más digna cuanto más fuera *dicha* por el sujeto y las personas a las que más le afecta. Una muerte «dicha» es aquella en la que hay espacio para la voz, para las palabras en torno al morir, donde se consiga escuchar lo que se dice, lo que no se dice, así como lo que hace decir aquello que se dice y lo que hace no decir aquello que no se dice.

Una muerte digna[51] sería aquella que mereciera el adjetivo de *bella*, pero no en un sentido idealizado, sino una muerte en la que la persona viva hasta el último instante, que no muera antes, que no le vivan los demás o le mueran los demás.

Una muerte adjetivada sería aquella en la que los sujetos se sintieran *contentos*, es decir, salvados por la muerte, porque la muerte de la muerte sería la muerte

---

[49] J. C. BERMEJO, C. LÁZARO, *Muerte apropiada. Experiencias al final*, Sal Terrae, Santander 2018.

[50] J. ALLOUCH, *Erótica del duelo en tiempos de la muerte seca*, Literales, Buenos Aires 2006.

[51] J. C. BERMEJO, R. M.ª BELDA, *¡No quiero sufrir!*, op. cit.

del amor y de la solidaridad, como nos hizo ver David Maria Turoldo en *La muerte del último teólogo*[52]. Es la muerte la que da sentido último a nuestra vida, y lo es si somos capaces de llenar (*con-tenti*) de contenidos y de comunión nuestras relaciones.

Promover una muerte adjetivada significa hacer lo posible porque la muerte lo sea de *artesanos* del morir, que el morir sea una dimensión de la vida a la que ya nos hayamos ido entrenando a lo largo de la misma, aprendiendo a perder y a integrar progresivamente nuestra condición de finitud.

En el fondo, una muerte adjetivada sanamente recibiría el nombre de *muerte elegante*, porque sería a la medida de la capacidad responsable del propio elegir (=elegante) personal, siempre en los límites del respeto de la dignidad ontológica de la vida humana[53] y promoviendo el máximo de dignidad ética, social y existencial posible.

La muerte adjetivada se convertiría así en experiencia de *misterio* (en palabras de Gabriel Marcel)[54], en lugar de simple problema que gestionar. El misterio no es algo que esté fuera de nosotros y tenga solución. Eso es un problema. El misterio está dentro de nosotros, nos envuelve y no tenemos más posibilidad que vivirlo. Vivirlo humanamente comportará la máxima expresión

---

[52] D. M. Turoldo, *La morte dell'ultimo teologo*, Gribaudi, Torino 2000.

[53] Dicasterio para la Doctrina de la Fe, *Dignitas infinita sobre la dignidad humana*, 8 de abril de 2024.

[54] G. Marcel, *Ser y tener*, Caparrós, Madrid 1996, 140

de salud de una persona, que se traduce en la *meditatio mortis*, que no será la desagradable obsesión por la misma, sino la humana comprensión del valor último de la vida a la vista de su fin, que puede contribuir a la sabiduría del ser humano, como también lo diría Séneca.

Nada más inhumano, entonces, que la muerte infligida violentamente, expropiada por la violencia, en cualquiera de sus últimas formas[55], o procurada al amparo de leyes eutanásicas. Pero es deshumanizador también la muerte, como acontece en contexto sanitario, sin suficiente analgesia ni cultura paliativa, en medio de dolores y síntomas que producen displacer y que podrían ser humanamente paliados, incluso con la buena praxis de la sedación paliativa[56]. En ocasiones, la deshumanización acontece por la colonización tecnológica[57], traducida en encarnizamiento seudodiagnóstico y seudoterapéutico.

## 5. *Dolens*

En 1997 fundé un Centro de Escucha en Madrid, especializado en la atención a personas en duelo, tras el cual han surgido algunas decenas repartidos por el mundo y coordinados y supervisados. La profundización del

---

[55] *Fratelli tutti*, 24, 127.

[56] J. C. Bermejo *et al.*, «Atención espiritual en cuidados paliativos. Valoración y vivencia de los usuarios»: *Med. Paliat.* (2012), http://dx.doi.org/10.1016/j.medipa.2012.05.004

[57] J. C. Bermejo, M. Villacieros, P. Martínez, *Humanizar. Humanismo en la asistencia sanitaria*, Desclée De Brouwer, Bilbao 2021.

tema del duelo, al explorar sus dinámicas y los modos de salir al paso de la ayuda en el sufrimiento que comporta la muerte de un ser querido, se está convirtiendo en un espacio de investigación y propuesta de modelos eficaces de acompañamiento en el trabajo del duelo. Pensemos, por ejemplo, en el sufrimiento que genera el suicidio en los supervivientes, así como la muerte súbita o violenta.

El sufrimiento generado por la muerte de un ser querido es comparable al de una amputación, que define un antes y un después; es como si a uno «le arrancaran un brazo o una pierna, cambia todo tu organismo»[58]. Cuando muere alguien querido, una parte de nosotros mismos también muere. Siendo un sufrimiento inevitable, precio del amor al crear vínculos significativos, nos reclama también el hecho de que «no somos libres de elegir las desgracias que nos suceden, pero sí de decidir cómo las afrontamos y qué aprendemos de ellas»[59].

Más adelante, en la tercera parte, citaremos por extenso algunos pasajes de autores que describen la experiencia de la pérdida.

Francesc Torralba, al perder un hijo inesperadamente, afirma que «filosofar es aprender a morir»[60]. En este caso, filosofar es también sobrevivir.

San Agustín, a quien yo leí particularmente con ocasión de la muerte de mi mejor amigo, tras lo cual

---

[58] F. TORRALBA, *No hay palabras. Asumir la muerte de un hijo*, Now Books, Barcelona 2024, 92, 181.

[59] V. FRANKL, *El hombre en busca de sentido,* Herder, Barcelona 2015.

[60] F. TORRALBA, *No hay palabras*, op. cit., 175.

también escribí *Orar el duelo*[61], fue golpeado especialmente por la muerte de su amigo.

En el siglo XII encontramos un escrito de san Bernardo, donde se desahoga de su propio sufrimiento por la muerte de su hermano Gerardo: «¿Hasta cuándo seguiré disimulando que el fuego que oculto dentro de mí mismo abrasa mi triste corazón y devora mi interior?».

Porque, el doliente, con mucha frecuencia, vive lo que bella y poéticamente expresó Miguel Hernández a la muerte de Ramón Sijé: «Tanto dolor se agrupa en mi costado, que por doler me duele hasta el aliento»[62].

Actualmente estamos también desafiados por el tema del «duelo digital», que reclama una ética del duelo: la creación de *grief bots*, la reconstrucción del difunto desde su rastro digital, para interactuar con él, nos lanza el reto de escudriñar en qué medida los posibles avances tecnológicos ayudarán a realizar el proceso de integración del propio sufrimiento y reinventarse, o en qué medida lo dificultarán. Nos inquieta la posibilidad de que desde «la caja negra» puedan realzarse experiencias sin iniciativa ni voluntad humana[63] que hagan confundir a niños y adultos entre realidad, sueño, alucinación, juego...[64]

---

[61] J. C. Bermejo, M.ª P. Ayerra, *Orar el duelo,* Sal Terrae, Santander 2017.

[62] M. Hernández, *Obras completas,* RBA, Madrid 2005.

[63] Dicasterio para la Doctrina de la Fe, *Antiqua et nova*, 14 de enero de 2025.

[64] J. C. Bermejo, *Inteligencia artificial y duelo*, Desclée De Brouwer, Bilbao 2025.

Pero, como investigador sobre duelo, siento también el desafío de dar voz a los duelos tabú, a esos de los que no hablamos. En particular a los duelos de la guerra. Contamos a las víctimas con números, pero no se oyen las voces de los que quedan en duelo; un duelo que, decididamente, nunca debió existir, aunque sea el primero que nos encontramos en la Sagrada Escritura, tras el fratricidio de Abel, tan bellamente expresado en el cuadro *El despertar de la tristeza* (en francés: *Premier deuil*), de Bouguereau, conservado en Buenos Aires.

Percibo la creciente sensibilidad a la atención al duelo complicado en los Centros de Escucha, así como el incremento de la literatura psicológica al respecto[65], como un camino humanizador.

## 6. *Cumpassio*

Quizás hemos de decir que no existe una mirada más humana al sufrimiento que la que se convierte en interpelación a nuestra conciencia individual y colectiva que nos llama a construir un mundo más fraterno, desencadenando una compasión activa y un compromiso con la justicia[66], desde el amor social al que se refiere *Fratelli tutti*[67]. El mundo está sembrado de compasión.

---

[65] Quizás es menos frecuente encontrar literatura actual sobre el tema desde el punto de vista teológico. E. ALDAVE MEDRANO, *Muerte, duelo y nueva vida en el cuarto evangelio*, Verbo Divino, Estella 2018.

[66] FRANCISCO, *Fratelli tutti*, 3 de octubre de 2020, 183.

[67] *Ibid*.

En efecto, la fe incondicionada en un significado incondicionado puede transformar el sufrimiento en compasión. La compasión nos hace sentir el dolor ajeno[68], pero nos hace sentir también la superioridad de nuestro estado, desde el que podemos inclinarnos sobre alguien más desgraciado, reproduciendo así las jerarquías. Quizás hay una *com*-pasión que iguala y humaniza y una compasión «clasista» que distancia y reconforta a quien expresa también en altruismo el mismo egoísmo.

El comportamiento compasivo es el que da paso a la actitud hospitalaria. La hospitalidad[69] es un valor ético que evoca la apertura a un «nosotros» que genere en las personas la experiencia de que «nada humano me es ajeno». Evoca realidades próximas como la responsabilidad, la solidaridad, la acogida. Lévinas define la hospitalidad como la acogida de aquel diferente a mí[70]. Y la acogida es una práctica que requiere el reconocimiento de las necesidades del otro, de su dignidad y su diversidad. La acogida puede considerarse como tal cuando el ser humano es tratado como un fin en sí mismo y no es cosificado. Quizás por eso, Javier Gafo evocaba como primer problema ético en el mundo de la salud la deshumanización, y refería como contenido básico de la misma

---

[68] JUAN PABLO II, *Salvifici doloris*, 11 de febrero de 1984, 5.

[69] F. TORRALBA, *Sobre la hospitalidad. Extraños y vulnerables como tú*, PPC Madrid 2003, 87.

[70] J. DERRIDA, *Adiós a Emmanuel Lévinas. Palabra de acogida*, Trotta, Madrid 1998.

la despersonalización en la relación[71]. Pues bien, la hospitalidad genuina de la persona que sufre es, en sí misma, fármaco. La persona es terapia, diría el doctor Balint[72].

Actualmente asistimos a un movimiento, del que también yo formo parte, en favor de la humanización de la asistencia sanitaria, en particular por la necesidad de vincular el cuidar y el curar como formas complementarias de la compasión. En efecto, *cuidar no es menos que curar*, aunque realmente no está precisamente bien pagado y produce sombras y descartes en los sistemas de protección social. Pagamos más cuando se producen procesos de curación que cuando se sostiene la vida gracias a los cuidados. Es un poco el eco de la fascinación por la tecnología, viejo eco de la sabiduría cristalizada en el mito de Prometeo, como si se tratara de robar a los dioses la capacidad de influir sobre la naturaleza, transformándola. He ahí uno de los capítulos más interesantes de reflexión sobre el significado de la humanización en un mundo de gran desarrollo tecnológico[73].

Hoy hablamos con pasión, denuncia, y en tono descriptivo (ideal) y propositivo, del modelo de *cuidado integral centrado en la persona*[74]. Es sabido que hay

---

[71] J. Gafo, *10 palabras clave en bioética*, Verbo Divino, Estella 1994, 14. Cfr. J. C. Bermejo, *Qué es humanizar la salud*, San Pablo, Madrid 2010³.

[72] M. Balint et al., *La capacitación psicológica del médico*, Gedisa, Barcelona 1984.

[73] J. C. Bermejo, M. Villacieros, P. Martínez, *Humanizar la asistencia sanitaria*, op. cit.

[74] El cuidar de sí exige «el cultivo de nuestro ser integral: cuerpo, psique, mente y espíritu, pues somos una unidad indisoluble».

modos serios y comprometidos de explorar el significado de este modelo. Y también hay riesgos de que se convierta en expresiones con las que barnizamos los programas y servicios para decir que estamos al día en terminología, sin introducir siempre los cambios necesarios. No nos hemos liberado todavía lo suficiente de ataduras (sujeciones físicas –atar a los enfermos y discapacitados a la cama o a los árboles–, y farmacológicas), no hemos hecho suficientes espacios para la vida personal y familiar en las instituciones de cuidado en la dependencia prolongada, no hemos integrado suficientemente los sistemas de salud con los sociales en nuestro entorno... No tenemos suficiente *expertise* en atención holística (ni siquiera la tenemos bien conceptualizada, debido a la crisis de la antropología y la filosofía en los entornos de los servicios sociales y de salud)[75]. En lo que significa cuidar centrados en la persona, tenemos mucho camino por recorrer aún, también en la distribución de los recursos económicos y en el respeto de las diferentes formas de dignidad humana[76].

El sufrimiento ajeno interpela, en palabras de Benedicto XVI, la necesaria respuesta con suficiente

---

E. Martínez Ocaña: «Aprender la sabiduría del cuidado de sí mismo»: *Revista Confer* 179 (2007), 14-15, 495-496.

[75] J. C. Bermejo, *Humanizar el cuidado. Atención integral centrada en la persona*, PPC, Madrid 2019.

[76] Dicasterio para la Doctrina de la Fe, *Dignitas infinita sobre la dignidad humana*, 8 de abril de 2024. (Dignidad ontológica, ética, existencial y social.

formación del corazón[77], y en palabras de Francisco: «... en este mundo líquido, es necesario hablar nuevamente del corazón»[78]. La promoción de las *competencias blandas*[79] para las relaciones de ayuda, se hace necesaria en contextos donde ha desaparecido la oratoria y la retórica, además de la formación ética, tratándose de profesiones de relación con el que sufre, como medicina, enfermería, trabajo social, psicología, y quizás teología pastoral.

La humanización deseada en la asistencia sanitaria comporta un proceso de valorización de la relación presencial de proximidad. Igual que en el cristianismo el Dios encarnado se humaniza, asumiendo la condición vulnerable, así también el mundo de la compasión necesita agentes del bello cuidar. Somos conscientes, pues, no solo de la belleza del cuidar, y de sus implicaciones, sino también de los desafíos pendientes y del precio que comporta. *Humanizar el cuidado* a quien le pesa la dependencia, a quien le cuesta encontrar sentido, a quien no le entran los alimentos por las vías naturales, cuidar cuando el verbo se transforma fundamentalmente en paliar los síntomas que generan displacer al final de la vida, es siempre un arte que reclama también la prudencia. Hipócrates, que describía el objetivo de la medicina como humilde arte, también hablaba de abstenerse de intervenir cuando el mal es más fuerte que el arte, para

---

[77] BENEDICTO XVI, *Deus Caritas est*, 31.

[78] FRANCISCO, *Dilexit nos*, 24 de octubre de 2024, 9.

[79] J. C. BERMEJO, M. VILLACIEROS, P. MARTÍNEZ, *Humanizar la asistencia sanitaria*, *op. cit.*

superar así «la soberbia del sano», de la que hablaba el doctor Albert Jovell[80].

Pero humanizar constituye también el desafío de revisar el paradigma cartesiano de las ciencias biomédicas, así como las propuestas de sentido del sufrimiento mirado como algo positivo en sí. Reconceptualizar el sufrimiento[81] y revisar la iatrogenia de la medicalización[82] creciente, puede ser un camino para refundar la medicina y la psicología con nuevas investigaciones sobre el sufrimiento humano.

En los procesos de ayuda en la enfermedad, el sufrir y el duelo, los «buenos samaritanos» corren el peligro de tener que pagar el «precio de la compasión», además de vivir la «satisfacción por compasión». Este precio reclama la necesidad de cuidarse para cuidar, tema sobre el que se reflexiona con creciente interés[83], particularmente analizando el *burnout* y buscando caminos de prevención.

## 7. *Consolatio*

Una de las expresiones más humanas de la compasión a lo largo de la historia es el compromiso por el consuelo.

---

[80] A. Jovell, *Cáncer. Biografía de una supervivencia*, Planeta, Madrid, 2008; P. Requena, *Doctor, no haga todo lo posible. De la limitación a la prudencia terapéutica*, Comares, Granada 2017.

[81] N. Bueno Gómez, *Filosofía del sufrimiento*, Tirant Humanidades, Valencia 2022, 74.

[82] I. Illich, *Némesis médica. La expropiación de la salud*, Barral, Madrid 1975.

[83] N. Calduch-Benages, «Médico, cúrate a ti mismo (Lc 4,23)», en: L. Sandrin, N. Calduch-Benages, F. Torralba, *Cuidarse a sí mismo. Para ayudar sin quemarse*, PPC, Madrid 2007, 33ss.

El hombre bíblico –decía Francisco a la Pontificia Comisión Bíblica– «se siente invitado a enfrentar la condición universal del dolor como lugar de encuentro», como espacio para la ternura, la inclusión, la consolación[84]. ¡Cuánta ternura despliega el ser humano ante la fragilidad de la familia enferma! ¡Cuánta ternura cristalizan en profesión los sanitarios! Ellos son la profesionalización de la ternura humana[85].

La consolación es un viejo género que ha cambiado a lo largo de la historia, en particular, tras el advenimiento del cristianismo. Sabemos que los «discursos de consolación» fueron populares en la antigüedad, comenzando con Séneca (*De consolatione*) al escribir a Marcia, después de que su dolor por la muerte de su hijo Metilius parecía haberse hecho crónico. Él recuerda que todas las formas de remedios normales contra el dolor han fallado hasta ahora, ni el consuelo de sus amigos ni la distracción de los buenos libros ni siquiera el tiempo mismo, y espera que la filosofía sea de ayuda. Pondrá ejemplos diferentes, como los de Octavia y Livia, que ambas habían perdido un hijo y su actitud fue diferente: no salir del dolor o dejar el dolor en la tumba de su hijo.

En muy buena medida, podríamos decir que el cristianismo supuso un salto en materia de consolación: de la búsqueda del consuelo por la razón a la compasión, a la comprensión y ayuda en la adversidad, a la promoción

---

[84] Francisco, *Discurso a la Pontificia Comisión Bíblica*, Roma, 11 de abril 2024.

[85] J. C. Bermejo, R. Ruiz, *Ternura y humanización*, Sal Terrae, Santander 2024.

del sufrimiento como espacio de amor: amar y dejarse amar.

El reciente sínodo ha provocado de manera muy interesante la promoción de la escucha, también como eventual ministerio y primer paso de toda relación de ayuda, particularmente del *counselling* pastoral. El documento refiere incluso el pecado contra la *escucha* y la comunión[86].

La Iglesia reconoce que «la escucha de los que sufren la exclusión y la marginación […] es parte de su misión, haciéndose cargo del peso de relaciones heridas para que el Señor, el "Viviente", pueda sanarlas»[87].

En efecto, el ser humano se libera del sufrir también por las narraciones. «Se puede dar cuenta del sufrimiento haciendo justicia a los heridos, abriéndoles espacios de expresión y sin caer en *des-apropiaciones* y *re-apropiaciones* de esas experiencias dolorosas»[88]. Por ellas nos aclaramos de una vida compleja. Contando historias, nos contamos a nosotros mismos, ponemos orden y nos empoderamos en medio de la adversidad. La escucha verdadera de la historia del paciente (con «atestiguación empática») es un acto moral y terapéutico. En algunos contextos sanitarios se está promoviendo la escucha de la «experiencia del paciente», de manera organizada y formal[89].

---

[86] *Documento final del Sínodo sobre la sinodalidad*, 2024, 6.

[87] *Ibid.*, 56.

[88] N. Bueno Gómez, *Filosofía del sufrimiento, op. cit.*, 104.

[89] Instituto Experiencia del Paciente. En: https://iexp.es/. El poder de este movimiento de experiencia de paciente no solo está en el empoderamiento en la relación médico paciente ante los

Freud dijo: «La ciencia médica no ha inventado todavía una medicina tan eficaz como pocas palabras amorosas». Y es que la palabra es bálsamo, embelesa, calma, hace olvidar o recordar, insufla ánimo, genera sentimientos, con ella se gobierna... La palabra crea, hace ser... Pero la narrativa es también «un laboratorio del juicio moral», decía Paul Ricoeur[90]. Es la escucha la que ayuda en el proceso de discernimiento: escucha a uno mismo, escucha a los demás, escucha deliberativa, escucha a Dios.

Y también llorar sirve como expresión pública (no solo privada) del padecimiento. Llorar descubre la aflicción interna, pero también puede convertirse en clamor, protesta, crítica o resistencia[91]. En la escucha se origina una especie de martirio, un sacrificio de sí mismo en el que se renueva el gesto realizado por Moisés ante la zarza ardiente: quitarse las sandalias en el «terreno sagrado» del encuentro con el otro que me habla (Ex 3,5). Saber escuchar es una gracia inmensa, es un don que se ha de pedir para poder después ejercitarse practicándolo[92].

---

profesionales y empresas prestadoras de salud y tecnología, sino también en promover la «responsabilidad de sus versiones» a los pacientes, «dar cuenta de él y de mostrar lo que, por sí mismo» quieran, evidenciando su inutilidad o la utilidad de mostrar la injusticia y opresión que pueda esconder. N. BUENO GÓMEZ, *Filosofía del sufrimiento, op. cit.*, 110.

[90] T. D. MORATALLA, *Bioética y cine. De la narración a la deliberación*, San Pablo, Madrid 2010, 105.

[91] J. LAGUNA, *Para qué sirve llorar*, Cuadernos Cristianisme i Justícia, n. 230, Barcelona 2022.

[92] FRANCISCO, *Comunicación y misericordia: un encuentro fecundo*, Mensaje del papa para la 50 Jornada Mundial de las Comunicaciones Sociales, 24 de enero de 2016.

Una de las virtualidades de la escucha activa a la persona que sufre es el poder que tiene empalabrar el *sufriculum*. Es decir, el bien que hace, en palabras de Lluís Duch[93], poner palabras y ordenar el sufrir del ayudado; empodera, libera, pone sentido, activa el compromiso para que «con lo que pasa, el ayudado haga que pase lo que él desea que pase, y deba pasar». «Saber escuchar –dice Josep María Esquirol– es dejarse tocar. Y solo podemos hablar de veras porque hemos escuchado. La palabra que llega entra tanto por el oído como por la porosidad de la piel. La palabra que llega y te toca no te hace callar; no te condena al mutismo, sino al contrario, te hace responsable; es decir, pide que respondas»[94].

El relato, la narración, parece ser una reacción natural a la enfermedad. La gente «sangra relatos». El paciente ha de empezar por tratar su enfermedad no como un desastre, un motivo para la depresión o el pánico, sino como un relato. Los relatos son anticuerpos contra la enfermedad y el dolor[95]. La bioética narrativa[96] y la ética del cuidar le están prestando particular atención a la relevancia de la escucha en salud[97].

---

[93] L. Duch, *Empalabrar el mundo*, editado por Joan-Carles Mèlich, Ignasi Moreta y Amador Vega, Fragmenta, Barcelona 2011.

[94] J. M. Esquirol, *Cultivar lo más humano del humano*, en https://loyol.ink/alqtx

[95] A. Broyard, *Ebrio de enfermedad*, La uÑa RoTa, Segovia 2013, 42

[96] T. D. Moratalla y L. Feito, *Bioética narrativa*, Guillermo Escolar Editor, Madrid 2020.

[97] T. D. Moratalla, *Homo curans: el coraje de cuidar*, Encuentro, Madrid 2022.

En la mitología griega encontramos también a *Peithṓ*, que se ha traducido vaga e impropiamente por «persuasión». *Peithṓ* es retórica, erótica, filosofía, poética, política. Pertenece a reyes, a amantes, a los que cuentan relatos y quieren mantener la atención de su público. Es también la que tiene poder consolador en la enfermedad y el sufrimiento. «Un buen médico debe escuchar como un sacerdote, razonar como un científico, actuar como un héroe y hablar... como una persona normal», decía Viktor von Weizsäcker, filósofo entre los médicos y un médico entre los filósofos[98].

El ser humano está llamado a consolar, pero no con «dióxido de palabras»[99], sino como *sanador herido* que es. Esta figura arquetípica de la relación terapéutica invita a verse, como ayudantes, empatizando con la herida del enfermo, del que sufre, quien, a su vez, nos rememora y activa nuestra propia herida.

Jung, adelantándose a Carl Rogers y a Martin Buber, ya sabía que ningún proceso terapéutico funciona sin el compromiso y afectación de la subjetividad que implica la relación personal. Las relaciones de ayuda, la psicoterapia y los análisis son tan distintos como los mismos individuos. El «médico herido», para Jung, es una persona que no ignora ni oculta, ni espera no tener heridas, sino que es capaz de gestionarlas y de curarlas, transformándolas, con la ayuda del «médico interior», en fuente de curación para los demás.

---

[98] Viktor von Weizsäcker, *Escritos de Antropología Médica*, Libros del Zorzal, Buenos Aires 2009.

[99] Migueli, cantautor, canción *Blanco* en el CD *Humanizar*.

## 8. *Resilio*

Es conocido el caso de Tim Guénard[100]. Cuando tenía tres años, su madre lo abandonó después de darle una paliza que le rompió las piernas. Dormía desnudo en la casita del perro, cuando tenía cuatro años. A los cinco, justo el día de su cumpleaños, su padre le dio una paliza brutal que le rompió las piernas y la nariz. A los siete años, fue internado en un orfanato donde fue víctima de malos tratos por parte de la institución. A los nueve años, también el día de su cumpleaños, fracasa en su intento reiterado de suicidarse. A los once años entra en una cárcel después de ser acusado injustamente por incendiar un granero de una granja donde había sido acogido. A los doce años, se fuga. A los trece, es violado por un señor elegante de los barrios parisinos. A los catorce, es prostituido en Mont-Parnasse. Hoy, Tim Guénard (1958), además de ser el autor del libro *Más fuertes que el odio*, es padre de cuatro hijos. Se ocupa de niños y niñas abandonados y maltratados. Ha creado la asociación Altruisme. Es apicultor y trabaja también como auxiliar en el Tour de Francia de ciclismo.

Este es un ejemplo de resiliencia. El presente no depende solo del pasado, sino que puede constituir una oportunidad para desarrollar nuevos valores. Cuando sopla el viento en contra, algunos construyen muros, otros molinos, dice un proverbio. En el contexto de la

---

[100] T. GUÉNARD, *Más fuertes que el odio*, Gedisa, Barcelona 2010.

psicología del trauma[101], se dice que el segundo golpe es más fuerte que el primero; es decir, que el significado atribuido al trauma es más fuerte; pero este significado es personal y comunitario, coloreado de cultura y temperamento y, en no pocos casos, de mirada espiritual y de oportunidad.

En este camino de sufrimiento es posible, como dice santa Teresa, «dejar nuestra razón y temores en sus manos [del Señor]» (cfr. 3 M 2,8)[102], «dejarnos a nosotras mismas» (cfr. 3 M 2,9) o, por decirlo con san Juan de la Cruz, «salir de nosotros mismos»[103]. Esto significa *des-centrarnos*, comprender que no somos el centro del universo, ni somos autosuficientes, que nunca nos bastamos a nosotros mismos, que necesitamos de los demás y –sobre todo– de Dios[104]. «Salí de mí misma, esto es, de mi bajo modo de entender, y de mi flaca suerte de amar, y de mi pobre y escasa manera de gustar de Dios» (2 N 4,1).

Las palabras que han sido propuestas a lo largo de la historia como claves actitudinales para vivir el sufrimiento han mostrado estar vivas y ser cambiantes. De la resignación al ofrecimiento, a la aceptación, a la integración, a la resiliencia o al «nacer de nuevo» tras los traumas, en particular, la muerte de un ser querido.

---

[101] B. CYRULNIK, *Los patitos feos. La resiliencia. Una infancia infeliz no determina la vida*, Debolsillo, Madrid 2013.

[102] SANTA TERESA DE JESÚS, *Las Moradas del castillo interior*, Visión Libros, Madrid 2018.

[103] SAN JUAN DE LA CRUZ, *Subida al Monte Carmelo*, San Pablo, Madrid 2007.

[104] P. Eduardo SANZ DE MIGUEL, *Las terceras moradas*, 9, en https://loyol.ink/t8ade

Algunas de estas palabras encontraban más sentido en momentos históricos preanalgésicos, en los que las posibilidades de neutralizar o eliminar el dolor eran particularmente difíciles o escasas.

La vulnerabilidad tan radical que el ser humano experimenta en la enfermedad, el morir propio y el de los seres queridos, es también el tiempo de la poesía: de cantar la esperanza, la pequeña esperanza, que siempre se muestra relacional y dispuesta a resignificarse. Puede tener para el sujeto que lo vive algún efecto pedagógico[105]. Desde un punto de vista ético, a algunas personas el sufrimiento les puede enseñar[106].

No son pocas las personas que, desde el sufrimiento, logran encontrar un motivo para expresarse en términos de madurez humana: por el camino del arte, de la solidaridad, de la creación de fundaciones con objetivos concretos de hacer fecundo su sufrir. Es la resiliencia[107].

### 9. *Homo viator, homo pugnator: spes*

Hemos investigado la esperanza en la estación de la enfermedad y del final de la vida, cuando no se produce de manera súbita. Y hemos levantado acta de que siempre tiene un carácter relacional, implica alteridad[108]. La

---

[105] N. Calduch-Benages, «La Sabiduría y la prueba en Sir 4,11-19»: *Estudios Bíblicos* 49 (1991), 48.

[106] C. Díaz C., *Ayudar a sanar el alma*, Caparrós, Madrid 2002.

[107] J. C. Bermejo, *Resiliencia*, PPC, Madrid 2011.

[108] N. Martínez Gayol, «La pequeña esperanza se abre paso a través de la historia», en Sociedad Argentina de Teología, *En*

descubrimos «como la niña pequeña» (en palabras de Ch. Péguy)[109], resignificándose, persistiendo, mostrándose siempre referida a otros, cambiando sus anhelos y abriéndose a la trascendencia.

Es verdad que se llama fraternidad universal. Esperamos la compasión eficaz, en forma de profesionales competentes, la fidelidad de la familia al cuidado, esperamos suficiente cultura paliativa que nos libere de síntomas que nos hagan sufrir, esperamos un buen acompañamiento que no nos genere soledad no deseada al final de la vida. Contra ella estamos realizando programas, mientras aumenta la tolerancia al tránsito en soledad.

Benedicto XVI, en *Spe salvi*, insiste en la dimensión comunitaria de la esperanza[110]. Esperamos, como decía el papa, «la imposibilidad de que la injusticia de la historia tenga la última palabra»[111]. Y nos damos cuenta de que la salud es una experiencia biográfica de armonía y equilibrio en las diferentes dimensiones de la persona, de modo que se hace compatible con la enfermedad y la discapacidad. Es posible vivir sanamente en medio de estos límites[112]. La salud, mirada culturalmente, es un

---

*el camino de Emaús. Esperanza que fecunda la historia. XXXVª Semana argentina de Teología*, Agape Libros, Buenos Aires 2017, 61-100.

[109] Charles Péguy, *El pórtico del misterio de la segunda virtud*, Encuentro, Madrid 1991.

[110] Benedicto XVI, *Spe salvi*, 28.

[111] *Ibid.*, 43.

[112] C. Bresciani, *Salud. Enfoque teológico*, en: J. C. Bermejo, F. Álvarez, *Diccionario de Pastoral de la Salud y Bioética*, San Pablo, Madrid 2009, 1529.

mundo lleno no solo del bienestar físico anhelado, sino de ideales y significados[113].

El médico humanista, oncólogo, que falleció de cáncer, líder de procesos de humanización de la salud en España, escribía: «Conviene insistir que una falsa esperanza es peor que no tener esperanza. También quiero destacar la importancia de focalizar la esperanza. Los enfermos necesitan esperanzas para poder luchar contra la enfermedad. Y no se debe confundir la esperanza en positivo, proyectada a la consecución de satisfacciones específicas, con las falsas promesas. Esto último constituye una forma cruel de mentira»[114].

Enfermedad y muerte son espacios de esperanza y de esperanzas. Cambiando de significado, la esperanza atraviesa la experiencia de la enfermedad y traspasa el límite de la muerte. O, por decirlo con el profeta, «aunque la higuera no florezca ni en las vides haya frutos, aunque falte el producto del olivo y los labrados no den mantenimiento, y las ovejas sean quitadas de la majada, y no haya vacas en los corrales; con todo, yo me alegraré en Yahvé, y me gozaré en el Dios de mi salvación» (Hab 3,17-18). Quizás es solo el inicio, la sospecha de sentido, traducida en la confianza y el abandono propia del ser humano, en último término, en el Padre bueno en quien puede confiar.

Termino evocando a las personas con las que empecé. Olga murió y su familia fue acompañada con ternura

---

[113] F. ÁLVAREZ, *Teología de la salud*, PPC, Madrid 2013, 65.

[114] A. JOVELL, *Cáncer. Biografía de una supervivencia, op. cit.*, 50.

pastoral. Daniel fue enterrado con tonos de resignación y con los ritos propios de culturas africanas. Mónica emprendió una relación de ayuda con una psicóloga experta, contactada por la parroquia. Lola se hizo voluntaria para ayudar a las mujeres con niños enfermos en su pueblo. La mujer de Pedro murió sin el tratamiento oncológico. Alberto siguió buscando consuelo en la filosofía tras la muerte súbita de su hijo. Juan no obtuvo el buscado milagro de la Virgen curando a su hijo (se curaron sus rodillas dañadas por «caminar» hacia ella). María ya no está en la rotonda donde se prostituía para mantener a su hijo. Y, entre esperanzas y desesperanzas, también yo espero, porque «Dios es mi esperanza», mi última esperanza, que quiero ver con la ayuda de los ojos no solo masculinos, sino con la aportación nueva de las mujeres[115] que, haciendo teología, me ayuden a ver el sufrimiento y las esperanzas también con ojos de mujer.

---

[115] I. Gebara, *Intuiciones ecofeministas. Ensayo para repensar el conocimiento y la religión*, Trotta, Madrid, 2000, 147.

# Segunda parte

## NARRATIVA DEL ENFERMAR

Desde hace años vivo interesado por el tema de la narrativa en el sufrir en general, y del enfermar y vivir el final de la vida y el duelo, en particular. Mi vida profesional, al fin y al cabo, tiene mucho que ver con la fe en el poder de la escucha en la narrativa del sufrir. Narrar pone sentido, empodera. De ahí la apasionada fundación y el acompañamiento a la red de Centros de Escucha San Camilo en España y otros países.

### 1. Cuerpo enfermo

*Cuerpo que es formado, feto, cuerpo que es parido, cuerpo que es cuidado, nutrido y acunado, que crece y cambia, y se hace maduro, cuerpo preñado. Cuerpo acariciado y besado, amoroso y juguetón, deportista y trabajador. Cuerpo que se cae y se golpea y se deteriora y es habitado por virus y bacterias, cuerpo con cáncer, receptor de traumas y malos tratos. Cuerpo violentado, cuerpo discapacitado, amputado, dormido y anestesiado, cuerpo perforado y lleno de tubos. Cuerpo congestionado e inflamado, que pica, que*

*duele, con diarrea y náuseas, febril, tiritando. Cuerpo*
*abierto e intervenido. Cuerpo sin pudor, explorado gru-*
*palmente. Cuerpo enfermo, sucio y maloliente, cuerpo*
*descontrolado, cuerpo muriente, cuerpo muerto. Y más.*

Es cómodo pensar que pueda ser el alma lo digno, lo
salvable, lo que puede existir separadamente, lo noble e
inmortal. Los filósofos se han entretenido en darle identidad al ser humano desencarnado. Y las tentaciones de
hoy también circulan no solo en las sacristías oscuras,
sino también en las interpretaciones de las experiencias
de muerte temporal y en nuevos defensores de una espiritualidad del alma.

## Huir del cuerpo

Es obvio que el cuerpo humano tiene una identidad diferente al resto de las especies, aunque nos esforcemos
legítimamente por dignificar y promover un creciente
respeto a los demás animales. Las vacas tienen carne,
pero no cuerpo. De hecho, cuando nace un niño, lo primero que hacemos es vestirlo, porque, a diferencia de
los demás, incluidos los mamíferos, el niño está desnudo. Vestirlo significa (im)ponerle ropa que le distingue y le pone en relación con un nombre.

Dice Santiago Alba Rico en *Ser o no ser (un cuerpo)*[1]: «¿Adónde va corriendo ese hombre? ¿Por qué
pedalea ese otro en su bicicleta? ¿Y ese tren? ¿Y ese

---

[1] S. ALBA RICO, *Ser o no ser (un cuerpo)*, *op. cit.*

avión? ¿Adónde va toda esa gente, cada vez más deprisa, cada vez en un medio más veloz? Están huyendo. ¿De qué huyen? Del cuerpo». Evoca así, de manera provocadora, esa identidad nuestra distinta sobre la que algunos formulan la hipótesis de que pueda estar dotada incluso de una conciencia no encarnada, cuestión peliaguda que explicaría las llamadas experiencias de muerte temporal. Sea como fuere, somos corporeidad. Este cuerpo frágil que engalanamos y cuidamos, que agredimos y que nos pone también en intimidad y distancia, que rompemos en el amor y en la enfermedad.

Con el cuidado del cuerpo enfermo generamos, en efecto, una proximidad íntima que reconoce no solo la fisiología, sino el cuerpo social, relacional y culturalmente configurado, en construcción humanizadora permanente. La relación profesional sanitaria juega en el filo de la navaja, donde, con mucha frecuencia, queda poco de paño de pureza para proteger el pudor mostrado siempre en ese paño *perizonium,* universalmente utilizado bajo la cintura de todo crucificado.

Escribe Susan Sontag, en *Ante el dolor de los demás*[2]: «En el montón de esta mañana, hay una fotografía que puede ser el cuerpo de un hombre, o de una mujer: está tan mutilado que también podría ser el cuerpo de un cerdo». De esto es capaz la persona: de deshumanizar a tal nivel, con su mirada y su intervención sobre el cuerpo ajeno, que rompa y desfigure su

---

[2] S. Sontag, *Ante el dolor de los demás*, Debolsillo, Barcelona 2011.

dignidad y su diferencia. Al parecer, la apetencia por las imágenes que muestran cuerpos dolientes es casi tan viva como el deseo por las que muestran cuerpos desnudos, si atendemos también a la fuerte tradición de esculpir, además de al Cristo, a la madre en duelo y sola, María.

## Cuerpo que vocifera

Hemos aprendido universalmente a vestir el cuerpo, maquillarlo, mostrarlo con joyas y arreglado en tantos sentidos, que el desnudo cuerpo enfermo nos puede provocar actitudes deshumanizadoras, por cosificadoras, y procedimientos seriados que puedan olvidar la identidad personal de cada individuo.

Fue René Lariche quien describió la salud como «el silencio del cuerpo», la armonía de los órganos que no se experimentan diferenciados, sino integrados en un todo unitario armónico que no hace ruido, es decir, al que nada le duele, ni le pica ni escuece ni le arde ácidamente. La sugerente expresión, que hace pensar que la enfermedad es el ruido de los órganos, la voz que reclama una especial atención, tiene su valor. Pero, a diferencia del resto de las especies, en el ser humano esta voz que grita *enfermedad*, es una voz significante, con emociones y toques de identidad que invitan a ser considerados insuficientes para comprender al sujeto enfermo. El ser humano hace experiencia de enfermedad, de malestar; elabora cognitivamente sus eventuales significados; la carga de metáforas e interpreta alegóricamente hasta humanizar la enfermedad como vivida, sufrida, no solo como aullido o ruido inarticulado.

Dignificamos el cuerpo cargando de metáforas la experiencia de la enfermedad. Metáforas que Sontag quiso eliminar para desvelar la realidad que esconde crudamente la enfermedad, pero que humanizan en la medida en que no moralizan, sino que permiten a la persona que narrar sea nombrar con sentido, expresar experiencia, no solo evocar sintomatología.

En el cuerpo enfermo se dan cita no solo sus vivencias más primarias, como el frío y el calor, el hambre y la sed, yendo y viniendo del deseo a la satisfacción, revelando también su fugacidad y su vida cíclica. El cuerpo enfermo se muestra también en su sentirse apelmazado, espeso y entregado a las esperas de recuperación; cuerpo a ritmo lento, cuerpo que no responde al ritmo consumista, en cuanto a la categoría de proceso que pide paciencia y paciencia. El cuerpo enfermo y el dolor se convierten en voz y palabra no solo de los órganos que aúllan desde su presente, sino en grito de esperanza de armonía y control, bienestar y salud, silencio y serenidad serena.

Se humaniza el cuerpo con toda forma de atención y descripción que, con la palabra y el gesto, con labores de higiene, alimentarias, rehabilitadoras, quirúrgicas, paliativas… permiten seguir acariciando y honrando la dignidad diferencial de cada individuo, misterio insondable de la naturaleza humana, siempre encarnada.

El cuerpo enfermo: tierra fértil de esperanza. Y de carne, resucitará.

## Cuerpo que expropia

Muchas de las buenas consideraciones que hacemos, y que hemos hecho en la historia, los humanos sobre la actitud ante la enfermedad, en clave exhortativa quizás, o en clave propositiva para un camino espiritual, encuentran su límite cuando la persona se siente «expropiada» por su cuerpo. Parece un error. Como si tuviera que decir que siente su cuerpo expropiado, porque no responde a la voluntad, al gobierno deseado de la mente. Pero no: digo bien. La persona, con mucha frecuencia, con ocasión de los síntomas, en diferente grado, siente que su cuerpo le expropia de la identidad, la absorbe con su poderío de atraer la atención o de sumir en la desatención: fiebre, sueño, dolor, picor, diarrea, inflamación, tos… se imponen de tal manera, que uno es invadido por el síntoma.

El cuerpo es sobre todo un nudo, dice el filósofo contemporáneo Santiago Alba Rico. Y si la identidad debe ser concebida en relación con el cuerpo, la identidad es también un lazo, para bien y para mal. «Cuando enfermamos o tenemos mucho frío o nos escayolan la pierna, nuestro cuerpo tiene el tamaño de nuestro cuerpo. Pero si paseamos por la habitación nuestro cuerpo tiene entonces el tamaño de nuestra habitación; y si salimos al jardín tiene el tamaño del jardín y si caminamos por la ciudad tiene el tamaño de la ciudad y así sucesivamente; y si llegáramos en cohete a los límites del universo, nuestro cuerpo —es decir, nuestra prisión— tendría el tamaño del universo y seguiríamos encerrados en él»[3]. Así es en la enfermedad. Se diría que nos hacemos centro de la atención propia de tal manera, que se podría decir que somos todo egoísmo: lo ocupamos todo. Prácticamente, nos ocupa, nos invade, nos «despersonaliza».

El dolor, que de alguna manera demanda una explicación, tiene naturalmente cuerpo: nos retiene en el cuerpo. No puede ser de otra manera. Si gozamos, gozamos; si sufrimos, queremos saber por qué. «Puede extrañarnos o indignarnos esta su repentina comparecencia, pero a nadie le sorprende, en realidad, que el dolor ocurra en el cuerpo. ¿Dónde, si no, podría ocurrir? El accidente que quiebra nuestra tibia rompe nuestros vínculos sociales con el presente y nos devuelve al Paleolítico»[4].

Por parte de los demás, nos convertimos en espectáculo, en objeto que mirar y narrar. «Se ha tomazo un zumo», «se ha quedado dormido», «se ha levantado, pero se ha cansado enseguida». Y así, somos descritos en función de lo que nuestro cuerpo da de sí. Por otro lado, como nos dice Santiago Alba, hoy las cámaras se han incorporado de tal modo a nuestros cuerpos, que podemos decir que todos los acontecimientos de nuestra vida, incluso los más trágicos, tienen una dimensión turística.

## Ebrio de enfermedad

El ser humano, cuando enferma, necesita convertirse en narrador, fraguar un relato o una metáfora de su enfermedad. Los relatos son anticuerpos contra la enfermedad y

---

[3] S. Alba Rico, *Ser o no ser (un cuerpo)*, *op. cit.*, 163.
[4] *Ibid.*, 168.

el dolor. En estos últimos años, diríamos que asistimos a la aparición de una cierta (poca) narrativa de la enfermedad, frente a mucha narrativa del duelo.

Anatole Broyard, escritor americano, crítico literario excelente, llega con su pluma casi hasta las tinieblas, escribe sobre sí mismo desde la enfermedad.

En su libro *Ebrio de enfermedad*, dice Anatole: «El deseo es, por sí mismo, una especie de inmortalidad». «Yo entendí qué era lo que tenía que hacer. Empecé a venderle vida como si fuese un agente inmobiliario». «Mis amigos no están ebrios como yo de mi propia enfermedad, sino sobrios. Dado que me niego en redondo, han tomado a su cargo la responsabilidad de ser serios. Parecen avergonzados o entristecidos en su sobriedad. Despojados de su actitud lúdica y de su picardía, mis amigos parecen más llanos, más hogareños, incluso más viejos. Es como si se hubiesen quedado calvos de la noche a la mañana»[5].

«El relato, la narración, parece ser una reacción natural a la enfermedad. La gente sangra relatos, y yo me he convertido en un banco de sangre de relatos. El paciente ha de empezar por tratar su enfermedad no como un desastre, un motivo para la depresión o el pánico, sino como un relato. Los relatos son anticuerpos contra la enfermedad y el dolor. […] Morir es dejar de ser humanos, deshumanizarse, y a mi entender el lenguaje, el habla, los relatos o narraciones, son las formas más eficaces de mantener viva nuestra condición

---

[5] A. Broyard, *Ebrio de enfermedad*, *op. cit.*, 26.

humana. Guardar silencio es, de forma literal, cerrar la tienda de la propia humanidad»[6].

Dice también Broyard: «Para una persona gravemente enferma, abrir su conciencia a los demás es como las sangrías que antaño recomendaban los médicos para reducir la presión»[7]. Y en otro lugar: «No sabe uno en realidad que está enfermo hasta que se lo dice el médico. Cuando un médico le dice a uno que está enfermo no es lo mismo que si le diera permiso para estar enfermo. Uno se gana a duras penas su enfermedad. Uno siempre será un mero aficionado en el campo de su enfermedad. Aficionado o *amateur*, porque lo amará. Saber que uno está enfermo es una de las experiencias más trascendentes de la vida. Uno cuenta con seguir en marcha para siempre, cuenta con ser inmortal»[8]. Por eso, Broyard se atreve a pedir a los médicos que lean poesía como parte de su formación. Morir o estar enfermo es en cierto modo poesía.

## *Cuerpo dolido narrado*

«No se puede describir el dolor, como no se puede fotografiar el aroma de un perfume»[9], dice Anatole Broyard. «Un ordenador conectado a la red es, sobre todo, un órgano, igual que el riñón o el hígado, lo que tiene dos consecuencias inevitables e inquietantes: la primera,

---

[6]  *Ibid.*, 42.
[7]  *Ibid.*, 45.
[8]  *Ibid.*, 64.
[9]  A. Boyer, *Desmorir*, *op. cit.*, 47.

que no puedo vivir sin él; la segunda, que no puedo decidir sobre él. [...] Cuando entro por la mañana en internet con la angustiosa sensación de haber perdido la noche, me dejo llevar por la ilusión contraria: la de que allí donde yo estoy, allí donde está mi cuerpo, no ocurre nada»[10].

Santiago Alba Rico escribe: «Se cocina con el cuerpo, se lee con el cuerpo y, sobre todo, se muere con el cuerpo. El cuerpo es un dinosaurio o una piedra de sílex. ¿O todavía nos hace falta? Me temo que aún lo necesitamos para cuidarnos los unos a los otros en una sociedad de incuria o de descuido. Y lo seguimos necesitando –el cuerpo– para nacer y para morirnos en una sociedad que se ha prometido a sí misma la inmortalidad, pero que sigue dependiendo del vientre de las mujeres para repetir la vida»[11].

Una semana después de cumplir 41 años, a la poeta Anne Boyer le diagnosticaron un cáncer de mama triple negativo de pronóstico grave que requería un tratamiento muy agresivo. Como madre soltera habituada a vivir al día y a prodigar cuidados antes que a recibirlos, la dramática enfermedad supuso una crisis, pero también un punto de partida para recapacitar sobre la mortalidad y las políticas de género relacionadas con la salud. *Desmorir* es la descarnada narración del proceso de enfermedad y supervivencia de la autora, pero es también un libro de memorias que se rebela contra el

---

[10] S. Alba Rico, *Ser o no ser (un cuerpo)*, op. cit., 10-11.
[11] *Ibid.*, 21.

género memorístico, un recuento personal que rechaza limitarse a lo personal.

Sumándose a la lista de autoras que han escrito sobre su enfermedad e incluso sobre su muerte, como Audre Lorde, Kathy Acker y Susan Sontag, Anne Boyer reflexiona con furia, brillantez y clarividencia sobre la enfermedad y la salud en nuestra sociedad, describiendo con crudeza la experiencia corporal y mental del dolor, la proliferación de charlatanes y oportunistas, el abuso de las farmacéuticas, el cinismo político en el debate de sanidad pública *versus* privada y otros temas. Su obra, profundamente humana y conmovedora, fue reconocida con el Premio Pulitzer de No Ficción en 2020. *Desmorir* es una meditación acerca de la enfermedad y de las miserias y las grandezas de la vida contemporánea.

«Son los médicos –dice Anne Boyer– los que me leen o, mejor dicho, los que leen aquello en lo que ha devenido mi cuerpo: una paciente hecha información, producida por las labores femeninas»[12]. «Y, después del tratamiento, cuando mi cuerpo era una ruina, cuando mi cuerpo era como un coche que no paraba de perder piezas, cuando no era capaz de desempeñar las actividades básicas de la vida diaria, me preguntaba cómo era posible que hubieran atravesado todo mi cuerpo todos aquellos dólares y que yo hubiera quedado pese a todo en un estado tan deplorable. Si calculara el coste de cada bocanada de aire que tomo tras este cáncer, tendría que exhalar acciones. Mi vida era un producto de lujo, pero

---

[12] A. BOYER, *Desmorir, op. cit.*, 57.

yo estaba corroída, estaba mutilada, no las tenía todas conmigo. No estaba conforme»[13].

«No hay un mueble más trágico que una cama, por lo rápido que puede decaer y pasar del lugar en el que hacemos el amor al lugar en el que podemos morir. Es trágico, además, por lo rápido que puede decaer y pasar del lugar en el que dormimos al lugar en el que creemos habernos vuelto locos. La cama en la que alguien hace el amor es también su tumba, de la que puede que nunca se levante. Cuando estás enfermo y en horizontal, el cielo o el aire celeste de lo que está sobre ti se derrama sobre todo tu cuerpo»[14].

«A toda persona con cuerpo se le debería dar una guía para morir tan pronto como nace»[15]. «En ocasiones resulta más doloroso hablar de tener cáncer que tenerlo. Resulta más difícil recrear la experiencia y las impresiones de una enfermedad que padecerlas. Resulta más complicado analizar la escena desde el centro de la escena, contorsionarse así hacia lo verdadero, que girar la cabeza y bajar la mirada y salir adelante como otros han salido adelante, aceptando lo que se les dice, confiando en el consuelo del olvido»[16].

«Una vez que el cáncer se ha apoderado de ti, te olvidas de cuánta vida has perdido para vivir y también cuánto de ti misma has perdido a causa de la enfermedad porque resulta difícil hacerte cargo de la enfermedad y

---

[13] *Ibid.*, 81.
[14] *Ibid.*, 89.
[15] *Ibid.*, 118.
[16] *Ibid.*, 119.

hacerte cargo de ti misma a la vez. Hacerte cargo de tu enfermedad puede convertirse en la única razón de tu existencia, un matrimonio concertado por el destino»[17].

Anna Boyer, a quien le estamos robando estas líneas duras y realistas, escribe sobre el dolor y su multiforme experiencia. Su descripción merece ser reportada en estas páginas como una riqueza en la presentación del vivir la enfermedad, de hacer cuenta con el cuerpo dolorido. Tomamos estos párrafos que siguen, de su trabajo: «Imaginé un sistema de soporte que permitirá hacer turismo corpóreo o un intercambio somático, en el que se podría habitar temporalmente el sensorio de una persona que siente dolor. En una escala del 1 al 10 podrías sentir:

1. el delicado dolor, crudo y angustioso, de las uñas al levantarse de su lecho;

2. el denso dolor agónico de los huesos expandiéndose al henchirse de células sanguíneas estimuladas artificialmente;

3. el mullido dolor congestionado del cuerpo inflamado en contacto con el colchón;

4. el aplastante dolor exhausto de la ropa que cuelga del cuerpo patológicamente sensible;

5. el dolor sorpresa de adentro para afuera de las agujas que perforan los brazos, el torso, el muslo rechoncho, el dorso de la mano, el interior de la muñeca, también del tratamiento intravenoso;

6. el ardiente dolor en expansión de los fármacos dolorosos al dispersarse;

---

[17] *Ibid.*, 126.

7. el extraño dolor, como una lista de tareas pendientes, de los implantes subdérmicos contra el músculo y la piel;
8. o el chisporroteante apocalipsis eléctrico del dolor del nervio moribundo *in extremis*;
9. o la crudeza de dolor de las úlceras bucales; el paciente, lacerante dolor, etimológicamente inexpresivo, de ligamentos, dientes, tendones, articulaciones y músculos tumefactos por la intoxicación; el dolor corrosivo del suicidio celular inducido por la medicación; el expansivo redolor comezón de los folículos capilares al morir, etcétera, etcétera, etcétera;
10. las aterradoras deficiencias de todos los géneros literarios, una nueva crisis de transmisión…

Invitarte a mi cuerpo dolorido quizá hubiera sido más como una invitación a un seminario de cambio dimensional. Sumida en el dolor, lo espacial se convierte en temporal, puesto que el dolor es la experiencia de una situación que existe solo como desesperación por que llegue su fin»[18].

## 2. La enfermedad y sus metáforas

Susan Sontag fue escritora, novelista, filósofa y ensayista. En los últimos años de su vida, diagnosticada de un cáncer, escribió el libro *La enfermedad y sus metáforas*

---

[18] *Ibid.*, 190-191.

(entre otros). Se centró en la tuberculosis y el cáncer, y en cómo las sociedades y los momentos históricos distintos crean discursos para explicar las enfermedades. Particular atención merece mirar la enfermedad como guerra: invasión, colonización, defensas…

Con la importancia que le damos al mundo de la experiencia y de la subjetividad, parece que hablar de la verdad es cuanto menos anacrónico y, quizás, hasta de mal gusto. Y vincularla con la salud…, como que no encaja. Sin embargo, llevo años intentando motivar a mi alrededor sobre la necesidad de profundizar los vínculos y reclamar la relevancia de la verdad.

La verdad, en salud, se relaciona con el diagnóstico, el pronóstico y su comunicación al paciente. La verdad se relaciona con lo que ponemos o dejamos de poner en los prospectos e informaciones de los fármacos y en la información en la red sobre patologías y remedios. La verdad evoca transparencia y honestidad en el uso de los recursos sanitarios y en la gestión de programas y servicios de salud. La verdad se vincula con la estadística y su uso en salud. La verdad tiene que ver con la información que encontramos en los formularios de consentimiento informado. La verdad (y la mentira) tienen que ver con la esperanza en la enfermedad. La verdad (y el autoengaño) son base del reconocimiento de la propia situación de salud-enfermedad. La verdad es la base de la confianza en las relaciones honestas de los profesionales de la salud, en todas las direcciones. La verdad está en la base del consentimiento informado, como lo está también en la base de la confianza en el sistema de salud y en las personas y servicios prestados. La verdad reclama información veraz en materia de salud pública y prevención.

¿Es, entonces, la enfermedad lo que dicen las metáforas? La enfermedad es ante todo un drama que debiera ser posible disfrutar a la vez que se padece, dice Broyard. «Ahora entiendo por qué los románticos tenían tanto afecto por la enfermedad: el enfermo lo ve todo como si fuera una metáfora. En esta fase me encuentro encandilado con mi cáncer. Es algo que apesta a revelación»[19].

Para Susan Sontag, «la enfermedad es el lado nocturno de la vida, una ciudadanía más cara. A todos, al nacer, nos otorgan una doble ciudadanía, la del reino de los sanos y la del reino de los enfermos». Ella se propone, en su libro sobre la enfermedad y sus metáforas (y más tarde, sobre el sida y sus metáforas), demostrar es que la enfermedad no es una metáfora y que el modo más auténtico de encarar la enfermedad –el modo más sano de estar enfermo– es el que menos se presta y mejor resiste al pensamiento metafórico. «Sin embargo –dice Sontag–, es casi imposible residir en el reino de los enfermos sin dejarse influenciar por las siniestras metáforas con que han pintado su paisaje. Aclarar estas metáforas y liberarnos de ellas es la finalidad a la que consagro este trabajo».

Yo considero que, teniendo razón Sontag en cuanto a los límites que tienen algunas de ellas, por colocarnos en esa actitud bélica que refiere, las metáforas nos empoderan.

---

[19] A. Broyard, *Ebrio de enfermedad, op. cit.*, 28.

«Metafóricamente el cáncer no es tanto una enfermedad del tiempo como una enfermedad o patología del espacio. Sus metáforas principales se refieren a la topografía (el cáncer se "extiende" o "prolifera" o se "difunde"; los tumores son "extirpados" quirúrgicamente), y su consecuencia más temida, aparte de la muerte, es la mutilación o amputación de una parte del cuerpo»[20].

La concepción punitiva y bélica de la enfermedad tiene una larga historia. Es una concepción particularmente activa en lo que atañe al cáncer. Se entabla una «lucha» o «cruzada» contra el cáncer; el cáncer es la enfermedad «que mata»; los cancerosos son «víctimas del cáncer». Sontag, entonces dice: «Ostensiblemente el culpable es la enfermedad. Pero también el paciente resulta serlo. Las teorías psicológicas más aceptadas atribuyen al pobre enfermo la doble responsabilidad de haber caído enfermo y de curarse»[21].

Otro vínculo existente entre enfermedad y metáforas está en el usar las enfermedades como metáforas de situaciones sociales y políticas. Así, la metáfora es especialmente tendenciosa... «Comparar un hecho o una determinada situación política con una enfermedad equivale hoy día a achacar una culpa, a prescribir una pena. Esto sucede sobre todo con el cáncer como metáfora»[22].

Sontag se opone radicalmente al uso de las metáforas en la enfermedad. Dice: «Hasta tanto la descripción

---

[20] S. SONTAG, *La enfermedad y sus metáforas*, *op. cit.*, 24.
[21] *Ibid.*, 71.
[22] *Ibid.*, 96-97.

y el tratamiento del cáncer vayan acompañados de tanta hipérbole de corte militar, la metáfora parecerá singularmente inepta a todo amante de la paz»[23].

Sontag percibe que la vida de las metáforas en la enfermedad será corta. Yo me atrevo a predecir que el cáncer como metáfora caerá en desuso mucho antes de que se resuelvan los problemas que tan persuasivamente supo reflejar.

## 3. En busca del médico perdido (el humanista)

Desde 1984, en que el INSALUD, que gestionaba la salud en España, hiciera un plan de humanización de la asistencia sanitaria, hasta hoy, han nacido distintas iniciativas con el deseo de conjugar el verbo *humanizar* en el contexto en que se juegan la salud y los servicios sociales. Algunos, al ver las resistencias ante el verbo *humanizar*, porque pueden ser vividas como una acusación o un discurso moralizante, reclaman la oportunidad de hablar mejor de humanismo en salud. Sea como fuere, se trata de evocar el mundo de los valores en los contextos de cuidados. Yo mismo he realizado distintos trabajos sobre este asunto[24]. Afortunadamente, podemos evocar figuras en el campo de la medicina, que han contribuido con su saber y su experiencia también como enfermos.

---

[23] *Ibid.*, 100.
[24] J. C. BERMEJO, M. VILLACIEROS, M. P. MARTÍNEZ, *Humanizar. Humanismo en la asistencia sanitaria, op. cit.*

## Médico enfermo

Conocí al doctor Albert Jovell el año 2000 en las Jornadas de Humanización, en Sitges, organizadas por el Centro de Humanización de la Salud que soñé y dirijo desde hace más de 30 años. Albert J. Jovell Fernández nació en 1962, en Barcelona. Hijo de médico rural, fue licenciado y doctor en medicina y cirugía y en sociología y ciencias políticas, disciplinas que estudió en las Universidades de Barcelona, Autónoma de Barcelona y Harvard. Especializado en medicina preventiva y salud pública, fue director general de la Fundació Josep Laporte y profesor asociado de la Facultad de Medicina de la Universidad Autónoma de Barcelona (UAB). Asimismo, fue presidente del Foro Español de Pacientes y director del Proyecto UAB-Universidad de los Pacientes. También fue miembro del consejo directivo del Foro Europeo de Pacientes, del Consejo de la Profesión Médica de Catalunya y del Comité de Bioética de Catalunya.

Enfermó y murió de cáncer. Es destacable su aportación al mundo de la oncología, desde la visión tanto del paciente como del médico. Estableció las bases del Modelo Afectivo-Efectivo, a través de la cual se sitúa al paciente como piedra angular del modelo sanitario. Una revolución en la humanización de la sanidad. El médico bueno te informa y te comunica, te oye, pero también te escucha, te entiende y te acompaña.

Albert Jovell se distinguió en sus últimos años por su labor de apoyo a los colectivos de pacientes con el fin de lograr que adquieran una fuerza similar a la que ostentan en otros países europeos. Afirmaba que «los médicos enfermos tenemos mucho que aportar a la relación médico-paciente porque hemos vivido en los dos lados». En muchas ocasiones explicó que los médicos también enferman. Esto tiene un lado positivo y otro negativo: La parte negativa –decía él– es que sabes mucho más sobre la enfermedad, pero por otra parte puedes contribuir desde el otro lado a ver qué es lo que se puede mejorar. En su opinión, había detalles en los que el facultativo no suele reparar y que, sin embargo, pueden constituir detalles importantes en la calidad de vida de los pacientes.

El doctor Jovell impulsó diversas actividades, proyectos, investigaciones, cuya misión fue promocionar la modernización y la mejora de la calidad de la atención sanitaria, garantizando la igualdad de oportunidades en la educación y en el acceso a una asistencia de calidad por parte de los pacientes y los usuarios de los servicios de salud.

Le gustaba hablar en «cuarta persona del singular»[25], desde donde habla el ser espiritual, según sus palabras. Su «escritoterapia» nos ayuda a conectar puentes con Hipócrates, que describía el objetivo de la medicina como humilde arte que ha de llevar también a paliar y no solo intentar curar. Bien sabía él que, a veces, «la soberbia del sano», de la que él hablaba, no nos deja transitar siempre el puente que va de la biología a la biografía, de la patología a la patobiografía.

---

[25] A. JOVELL, *Cáncer. Biografía de una supervivencia, op. cit.*, 22.

Él proponía a los médicos un corazón compasivo y empático, capaz de comprender lo que para él era un «campo de concentración de la incertidumbre» y de todos sus miedos. Hay evidencia, decía Albert Jovell, de los resultados eficientes de lo que empezó a llamar medicina basada en la afectividad.

Como él quería, este enfoque trascendió, primero con la Fundación que llevó su nombre; Más tarde, con el «Foro afectivo y efectivo», que congrega a cuantos referentes importantes se pueden dar cita en torno a la humanización de la medicina en España.

De su libro *Cáncer, biografía de una supervivencia* deseo recoger particularmente algunas frases, por su potencial humanizador, además de por su densidad narrativa desde el cáncer: «Creo que mi ego quedó domesticado con la enfermedad. El cáncer es una cura de humildad»[26]. La compasión, dice, es «el segundo latido del corazón». «Si no eres afectivo y empático con los pacientes, no puedes ejercer la profesión de médico»[27]. «Debemos recuperar la artesanía en el trato profesional con los pacientes. El humanismo y la artesanía suponen conocer el bien, procurar el bien y hacerlo bien»[28].

*Humanismo en boca de médicos*

Enfermos y familiares esperamos encontrar los valores humanistas encarnados en los profesionales de la

---

[26] *Ibid.*, 19.
[27] *Ibid.*, 69.
[28] *Ibid.*, 86.

salud. En su formación, han ayunado de entrenamiento en habilidades de comunicación y les han racionado la experiencia de docentes ante el ser humano limitado y sufriente. La fascinación tecnológica puede hacer estragos, además de maravillas.

«Lo que busco en un médico –dice Anatole Broyard– es alguien que sepa leer a fondo la enfermedad y que sea un buen crítico de la medicina […] que no solo fuese un médico de talento, sino que fuese por añadidura un poco metafísico […] capaz de ir más allá de la ciencia y llegar a la persona […] capaz de imaginar la soledad en que viven los enfermos críticos. Quiero que sea él mi Virgilio, que me guíe por mi purgatorio o mi infierno, señalando todo lo que haya que ver por el camino»[29].

Como profesor de humanización en varias universidades del mundo, he tenido la oportunidad de constatar el déficit de retórica en la formación. Recuerdo un alumno que me invitaba a dar una conferencia en su asociación de alumnos de medicina, con un letrero que decía: «Nos enseñan a contar mitocondrias hasta con los dedos de los pies, pero no nos enseñan a escuchar». Broyard dice: «El paciente se halla al borde de la revelación, y necesita un amanuense. Yo no pediría a mi médico que me dedicase mucho tiempo: me conformaría con que rumiase mi situación durante acaso cinco minutos, con que me concediera todo su ser una sola vez, con que estuviera unido a mí durante un momento, con que examinase mi alma, además de mi carne, para

---

[29] A. Broyard, *Ebrio de enfermedad, op. cit.*, 17.

llegar a mi enfermedad, puesto que todos los hombres están enfermos, cada cual a su manera»[30].

Y, desde su experiencia, Anatole reclama la autoridad en la relación clínica, en la alianza terapéutica con el médico: «Así como ineludiblemente se siente superior a mí porque él es el médico y yo el paciente, me gustaría que supiera que yo también me siento superior a él, que él también es mi paciente, que tengo mi diagnóstico de su caso»[31].

En *Ebrio de enfermedad*, Broyard reclama: «Todos los pacientes necesitan que los resuciten por medio del boca a boca, pues la conversación es el beso de la vida. Además de hablar él, el médico debería sangrar al paciente de todo lo que tenga que decir, de la conciencia de su enfermedad, tal como los médicos de antaño sangraban a sus pacientes para dar salida al calor excesivo o a los humores peligrosos y dañinos»[32].

Necesitamos médicos humanistas. Viktor von Weizsäcker, médico y filósofo alemán (1886-1957), decía: «Un buen médico debe escuchar como un sacerdote, razonar como un científico, actuar como un héroe y hablar… como una persona normal». «No hay mayor religión que la ayuda humanitaria. Trabajar por el bien común es el mayor credo». «Vivimos en una época peligrosa. El ser humano ha aprendido a dominar la naturaleza mucho antes de haber aprendido a dominarse a sí mismo».

---

[30] *Ibid.*, 73.
[31] *Ibid.*, 744.
[32] *Ibid.*, 84.

El que Weizsäcker escribiera para sus maestros, más que para sus posibles discípulos, unido a las difíciles circunstancias de la Alemania que le tocó vivir y al hecho de que sus conceptos esenciales se hayan adelantado tantos años a las ideas que predominaban en su época, se encuentra entre las circunstancias que influyeron para que fuera etiquetado como un autor cuya lectura es difícil. Fue considerado un filósofo entre los médicos y un médico entre los filósofos, cuando en realidad le sobraban méritos para ser valorado, en ambas disciplinas, como un profesional excepcional[33]. «La realidad del enfermo es una realidad fundamentalmente física. Una realidad que admite cuestiones acerca de los mecanismos que constituyen las relaciones de causa-efecto y que nos permite interrogarnos acerca de su naturaleza, de su peculiar modo de ser; en otras palabras, una realidad ontológica». En la concepción de Weizsäcker, la realidad del enfermo es siempre, además, una realidad psíquica tan primaria como la realidad física. Una realidad que nos permite interrogarnos acerca de su sentido, de su peculiar modo de manifestarse como *páthos* en su doble connotación de padecimiento y de pasión.

Gregorio Marañón (1887-1960) fue un médico internista, científico, historiador, político, escritor y pensador español, perteneciente a la generación de 1914, cuyas obras en los ámbitos científico e histórico tuvieron relevancia internacional. Durante cuarenta años dirigió la

---

[33] Viktor von Weizsäcker, *Escritos de Antropología Médica*, Libros del Zorzal, Buenos Aires 2009.

cátedra de Endocrinología en el Hospital Central de Madrid y fue uno de los protagonistas del nacimiento de la endocrinología española. Él afirmaba: «Hay que atreverse a decir muy alto que, para el médico, la técnica es secundaria. Los técnicos mejores son trabajadores manuales asalariados sin preocupación creadora. Lo esencial es el planteamiento». Marañón es muy crítico ante la técnica deshumanizadora y evoca el servicio a la dignidad y el amor al menesteroso. También evoca la «vocación», no en sentido romántico, sino como «emoción primordial del deber»[34].

Santiago Ramón y Cajal (1852-1934) fue un médico y científico español, especializado en histología y anatomía patológica. Compartió el Premio Nobel de Medicina en 1906 con Camillo Golgi «en reconocimiento de su trabajo sobre la estructura del sistema nervioso». Y él afirmaba: «La vanidad nos persigue hasta en el lecho de la muerte. La soportamos con entereza porque deseamos superar su terrible grandeza y cautivar la admiración de los espectadores»[35].

Conocí y compartí con Laín Entralgo (1908-2001) algunas pasiones: por humanizar el final de la vida, por cualificar la comunicación (el uso de la palabra en la relación clínica), entre otras. Pedro Laín Entralgo fue un médico, historiador, ensayista y filósofo español. Cultivó,

---

[34] A. González Montes, «La vocación humana. Reflexiones sobre la vocación humana a partir del pensamiento de Gregorio Marañón sobre las vocaciones profesionales», en: https://loyol.ink/jkfwd (consultado en marzo de 2025).

[35] https://loyol.ink/tm3eq

fundamentalmente, la historia y la antropología médica. Entre otros reconocimientos, fue galardonado con el Premio Príncipe de Asturias de Comunicación y Humanidades. Propuso, particularmente el concepto de amistad médica, estudió *el poder de la palabra* en la antigüedad clásica, la retórica, además del tema de su libro *La espera y la esperanza.*

Sirvan solo de referentes que nos desafían y nos dejan un legado que puede ser más honrado, al menos en los contextos donde se quiere promover la humanización de la asistencia sanitaria.

## 4. Conquistas humanizadoras

Las diferentes iniciativas por la humanización, además de estos autores, proponen líneas concretas de mejora en el mundo de los cuidados a los enfermos. La palabra compasión podríamos decir incluso que está siendo rescatada de la idea de que signifique solo mera lástima.

Anne Boyer, cuya narrativa nos acompaña en este trabajo, dice: «Un hombre al que conocí en un bar ha decidido dedicarse en cuerpo y alma a cuidarme. Su entusiasmo por mi vulnerabilidad es tal que tengo que bloquear su número en mi teléfono. Mis amigos y yo a veces bromeamos sobre *cazacánceres*»[36]. Es la experiencia gratificante de sentirse cuidado, incluso con esa satisfacción por compasión que nos devuelve la conducta solidaria.

---

[36] A. Boyer, *Desmorir, op. cit.*, 108.

Santiago Alba, en su rica narrativa sobre el sufrir la enfermedad en el cuerpo, dice: «A veces ocurre que, huyendo de nuestro cuerpo, caemos en otro cuerpo. Esta recaída, por debajo de la historia y a menudo contra ella, es ese misterio que llamamos amor o, más exactamente, com-pasión, en el sentido muy preciso de que experimentamos como propio el dolor (y hasta el placer) de un desconocido»[37].

No pocos se cuestionan en qué medida la compasión sea posible, en qué medida sea expresión de genuino altruismo o de búsqueda de sí mismo. También hay quien se pregunta cómo regular la distancia entre quien ejerce la compasión y quien sufre y la acoge. Dice Alba: «La compasión es una cuestión de "distancia" o, si se quiere, de "media distancia": lo que está demasiado cerca nos "horroriza"; lo que está demasiado lejos nos resulta indiferente. Esa "media distancia" tiene que ver con el cuerpo y su estabilidad evolutiva»[38]. La compasión –como la crueldad– puede ser uno de los placeres más refinados del poder supremo. Nos hace sentir el dolor ajeno, pero nos hace sentir también la superioridad de nuestro estado, desde el que podemos inclinarnos sobre alguien más desgraciado, reproduciendo así las jerarquías. «Hay una com-pasión que iguala y humaniza y una compasión "clasista" que distancia y reconforta»[39].

---

[37] S. ALBA RICO, *Ser o no ser (un cuerpo), op. cit.*, 178
[38] *Ibid.*, 184.
[39] *Ibid.*, 185.

## Dignidad y respeto

Durante años hemos estado abundando –y seguimos– sobre la palabra «calidad», particularmente en saludos, mesas redondas, congresos y espacios reflexivos. También como modo de definir los objetivos de muchas iniciativas, enfoques y planes de cuidados. La calidad de vida casi como único objetivo. Se repetía a diestro y siniestro, como si fuera un mantra: «promover la calidad de vida de las personas». Nos ha hecho bien.

Sin embargo, el límite de la referencia a esta clave tan importante es que la calidad es un concepto polisémico (calidad de servicios, gestión de la calidad, calidad de vida…) y es propio de la ética consecuencialista (lo que importa son las consecuencias –y en ese contexto se justificarían más las medidas de contención–), mientras que la dignidad es propia de la ética deontológica (lo que importa son los principios).

Por eso, hoy reclamamos también la dignidad como referencia del respeto a las personas vulnerables y enfermas. En efecto, el concepto de dignidad también es complejo, difícil, polisémico. En aras a la «dignidad» se reivindica el derecho a la eutanasia. Así también, es el fundamento de los derechos humanos: ONU 1948.

Recientemente, la Congregación para la Doctrina de la Fe, ha publicado una declaración sobre la dignidad humana, *Dignitas infinita*[40], en la que se describen cuatro acepciones de la dignidad. Por un lado, se habla de

---

[40] Congregación para la Doctrina de la Fe, *Dignitas infinita sobre la dignidad humana*, 8 de abril de 2024.

la dignidad *ontológica*: la que nos hace considerarnos como fines y no mero medios; la que fundamenta, la que es independiente de todo. Por otro lado, está la dignidad *ética*, en cuanto que, además de reconocernos iguales en dignidad y derechos, se dice que «debemos comportarnos fraternalmente unos con otros». Pero el documento presenta, con cierta novedad y dejando de lado (por así decir) el concepto de «sacralidad de la vida» habla de la dignidad *existencial* y la dignidad *social*. Con la primera se quiere decir la experiencia que las personas hacemos de sentido en medio de la adversidad y de la vulnerabilidad, que en ocasiones no es suficiente como para sostener las ganas de vivir (de ahí el suicidio), y la segunda reclama la corresponsabilidad de todos para mantener unas condiciones de vida, un entorno, un apoyo social suficiente como para que la vida sea vivida con elegancia, con dignidad, con satisfacción.

## Libres de sujeciones

Si hay un campo de aplicación concreta de los compromisos universales por humanizar la asistencia sanitaria, este es el del trato a los enfermos. La llamada «regla de oro» de la humanidad, en efecto, es: «Trata a los demás como te gustarían que te trataran a ti». Se conoce como «regla de plata» la que dice: «No trates a los demás como no te gustaría que te trataran a ti».

Pero el conocido «principio de humanidad» de Kant dice así: «trata a los demás de tal manera que tu conducta se pueda convertir en norma universal».

Consecuencia de estos principios que orientan a la humanidad, en las últimas décadas se está produciendo un particular movimiento en relación al trato a los pacientes, en particular a los mayores en situación de dependencia. Se trata de evitar los malos tratos. Hablar de los malos tratos no es algo nuevo en la historia. Siempre nos hemos matado, pegado, humillado, abandonado... Pensemos en la exclusión de la vida social de algunos enfermos (leprosos, enfermos mentales), o en la reducción de la cabeza en culturas y lugares concretos, en la esclavitud, en las diferentes formas de violencia (incluida la de género).

Los malos tratos son esas «acciones únicas o repetidas, esas faltas de respuesta apropiada, que causan daño o angustia a una persona mayor, en el marco de relaciones que albergaban expectativas de confianza»[41]. Así es la definición de la OMS en su *Declaración de Toronto*.

Se contemplan diferentes tipos de malos tratos, siendo importante su gravedad, frecuencia e intensidad. Hay malos tratos físicos, psicológicos (provocar angustia, miedo, intimidar, humillar, aislamiento...), sexuales (acoso, tocamientos, obligar a actos, fotografías, etc.). Pero también hay malos tratos financieros: utilización inapropiada de recursos. Como los hay igualmente por negligencia o abandono en el cuidado. Así también hay malos tratos producidos por rechazo, negativa o

---

[41] OMS, http://www.inpea.net/images/TorontoDeclaracion_Espanol.pdf, Ginebra 2002.

fallo para iniciar, continuar o completar la atención de necesidades de cuidado, como, en el otro extremo, por obstinación diagnóstica o terapéutica. Reconocemos también malos tratos institucionales (reducción, pañales, barreras arquitectónicas), así como las sujeciones, restricciones físicas o sujeciones mecánicas –o químicas– no pautadas ni indicadas, o sin los consentimientos debidos, que, de medidas excepcionales, pueden llegar a convertirse en costumbre, bajo el juicio sistemático de que es en beneficio de la persona mayor.

En realidad, este apasionante mundo de la búsqueda del respeto de las personas frágiles, si bien ha tomado cuerpo en iniciativas legales y en el mundo de asociaciones que promueven el respeto a las personas mayores y modelos de acompañamiento «centrados en las personas y sus relaciones», no es exclusivo de hoy.

En la Grecia clásica, en el *corpus hipocraticum*, encontramos referencias al uso de la restricción física, con cadenas, para aquellos que podían representar un peligro para sí mismos o para los demás. Surge como medida de control, de seguridad, ante la conducta problemática de los pacientes psiquiátricos.

En la antigüedad (incluso en las culturas judía y cristiana), atar y excluir de la ciudad era práctica habitual para enfermos con conductas desadaptativas. Enfermedad y culpa se relacionaban unidireccionalmente. Lo encontramos de modo muy particular en el texto de Mc 5,1-20. Se trata del así conocido como «endemoniado de Gerasa», una persona que vivía en el cementerio, dando gritos, excluido como culpable, con grilletes en las manos. Se desconocían entonces los procesos mentales, la vida seguía patrones de mayor brutalidad y represión, como sigue siendo también hoy en no pocos lugares del mundo.

En los siglos XIII y XIV empezó a haber oposición a las restricciones. En el siglo XVI, con ocasión de la humanización producida por Camilo de Lelis, encontramos esta referencia: «¿Y cuántos otros al ser tomados en brazos por criados de poca caridad, eran tan *brutalmente tratados* y manejados, que se les quedaban muertos entre los brazos?»[42]. Y el biógrafo de Camilo de Lelis, prosigue: «Y menos mal si de las tristes palabras no pasaban muchas veces a los hechos: prodigándoles bofetadas, puñetazos, empujones y atándolos y molestándolos sin ninguna finalidad o razón». Como sabemos, este gigante de la caridad exhortaba a cuidar «como lo haría una tierna madre con su único hijo enfermo». Un desafío para no bajar estándares de atención.

En el siglo XX, en 1989, la OMS definió las contenciones como «un método *extraordinario* con finalidad terapéutica, que, según todas las declaraciones sobre los derechos humanos referentes a psiquiatría, solo resultarán tolerables ante aquellas situaciones de emergencia que comporten una amenaza urgente o inmediata para la vida o la integridad física del propio paciente o de terceros, y que no puedan conjugarse por otros medios terapéuticos». La clave era la seguridad.

---

[42] S. Cicatelli, *Vida del P. Camilo de Lelis, op. cit.*, 87.

## Respeto de la autonomía relacional

El desarrollo de la bioética está contribuyendo a plantearse la centralidad del paciente, del mayor, en los procesos terapéuticos y de cuidado. Y esto influye directamente en la cuestión de la gestión de las contenciones. Se ha abierto paso el concepto e implicaciones de un modelo de atención integral «centrado en la persona y sus relaciones». Este modelo reconoce el protagonismo del ayudado en todas las relaciones de ayuda y cuidado. Cultiva, asimismo, una mirada positiva sobre las posibilidades y recursos del enfermo o persona atendida, no solo sobre sus límites. De igual modo, subraya la importancia de la autonomía, con las correspondientes derivadas en cuanto a consentimiento informado y ayuda para tomar decisiones, desde nuevos marcos legales en torno a las figuras de cuidadores de hecho.

El mundo del cuidado está rescatando mucho las claves que superan todo paternalismo y eventual abuso de poder en las relaciones. Insiste en la clave de la empatía para comprender la experiencia ajena. Reconoce la relevancia de la familia y allegados en el universo del sujeto y parte de los derechos, no de la ayuda como beneficencia o regalo.

Detrás de este movimiento, hay una cultura, un modo de pensar y de hacer, además de unas leyes y creencias, que marcan la moral, la línea ética de actuación correcta. La cultura de hoy valora que el uso regular de las contenciones es entendido como un indicador implícito o explícito de baja calidad de cuidados. De ahí que hayan surgido iniciativas sociales como «Desatar al anciano y al enfermo de alzhéimer» (Confederación Española de Organizaciones de Mayores), el programa «No sujetes» (Dignitas Vitae), el Modelo Libera-Care (Fundación Cuidados Dignos), y diferentes pronunciamientos de sociedades científicas (Colegio Oficial de Enfermería de Baleares, 2017; «Documento de consenso sobre sujeciones mecánicas y farmacológicas», de la Sociedad Española de Geriatría y Gerontología, 2014), así como iniciativas legislativas de comunidades autónomas.

Las mismas palabras: sujeciones, contenciones, restricciones, y sus clasificaciones: mecánicas, químicas, farmacológicas; prevención, sujeción, tratamiento...; la duración de las medidas, los procesos de información y consentimiento...; la importancia de valorar la intención deliberada de las acciones que limitan..., son elementos que contribuyen a la humanización y reflejan una cultura cambiante.

El principio de «respeto de la autonomía de las personas» es uno de los cuatro del modelo principialista de Beauchamp y Childress (1979), según el cual «el individuo autónomo es el que actúa libremente de acuerdo con un plan escogido por él mismo». La autonomía, por tanto, supone la libertad de elegir y la capacidad y competencia que, como sabemos, en algunas situaciones está limitada por causas naturales o conductuales (p. ej., un borracho). La autonomía, pues, es la capacidad de las personas de deliberar sobre sus finalidades personales y actuar bajo la dirección de las decisiones que pueda tomar. En la jerarquización sobre los principios, este es de segundo nivel. En el primero están la «no maleficencia» y la «justicia».

El respeto de la autonomía es el que ha dado paso al tema del consentimiento informado, particularmente reconocido en el Convenio de Oviedo, de 1997, primer instrumento jurídico internacional de carácter obligatorio en materia de bioética, para los derechos humanos y la biomedicina. Reconoce la primacía del ser humano sobre el interés de la ciencia o de la sociedad. En España, tenemos como referencia posterior la tan conocida y citada Ley de autonomía: «Ley 14/2002, de 14 de noviembre, básica reguladora del paciente y de derechos y obligaciones en materia de información y documentación clínica». En su art. 2, donde se exponen los principios básicos, afirma: «La dignidad de la persona humana, el respeto a la autonomía de su voluntad y a su intimidad orientarán toda la actividad...».

El principio de autonomía ha sido tomado por algunos grupos como la bandera de algo nuevo, contra el paternalismo médico tradicional. En ocasiones, también se ha presentado superficialmente, como si se tratara de seguir los «deseos» del paciente, en lugar de su protagonismo deliberativo en la toma de decisiones –normalmente complejas– a la luz de los valores (no solo de los sentimientos y preferencias) y de las convicciones más hondas. Es sabido que autonomía y beneficencia con frecuencia entran en colisión y procede una buena alianza terapéutica para discernir en medio de la complejidad.

Una hipertrofia de la autonomía ensalzada sin límites podría encontrar el equilibrio en el concepto de *alianza terapéutica* y de prudencia –*phrónesis*– en los conflictos. La conquista ética humanizadora de trabajar por eliminar las restricciones de todo tipo se enmarca en un contexto que tiene más implicaciones: el buen cuidado, la ética del cuidar. En efecto, la sociedad está tomando conciencia de la importancia del cuidar: en el cuidar nos va la vida; somos porque nos han cuidado. Cuidar no es menos que curar. En clave de cuidar, vemos una sociedad más humana: sociedad de los cuidados, ciudades cuidadoras, trabajo contra la soledad no deseada… La ternura es clave de humanización en el cuidado. La ternura es la solidaridad de los pueblos hecha profesionalidad en los cuidados. Y nada más extraño a la ternura que los malos tratos o las sujeciones no indicadas ni pautadas profesionalmente.

Toda norma ha encontrado siempre su modo de concretarse también en excepciones. Las excepciones no tienen que convertirse en la norma. Este es, quizás, el origen de la difusión de las prácticas abundantes de uso de medidas restrictivas con mayores y enfermos.

Las excepciones son situaciones anómalas que pueden ocurrir y llegar a justificar cursos de acción diferentes en situaciones complejas. Normalmente la excepción debe validar la bondad de la norma y situarse en el marco de lograr un bien mayor o elegir un mal menor, siempre justificándolo, informando, obteniendo el consentimiento posible, fruto del discernimiento, que debe ir guiado por la prudencia, la claridad de las motivaciones, la rectitud de intención y la necesidad de evaluación.

El principio del *doble efecto* (desde santo Tomás) es un principio de razonamiento práctico que permite determinar la licitud de una acción que produce dos efectos: uno deseado y uno indeseado. Quien lo realiza es responsable de ambos, pero se justifica el indeseado, sin imputar el malo en virtud de la excepcionalidad, de no encontrar otros caminos para conseguir el bien deseado mayor. Las sociedades científicas que se ocupan del cuidado gerontológico defienden que la única razón legítima para usar restricciones debería ser la terapéutica: garantizar la seguridad, mejorar el bienestar y asegurar la aplicación sin riesgo de otros procedimientos. Y siempre en un contexto de reconocimiento de la complejidad, de asombro ante ella y de deseo sostenido de evitar también al máximo el mal menor. La existencia de comités de ética asistencial en las instituciones puede contribuir exitosamente no solo a deliberar en alguna situación particularmente compleja, sino sobre todo a formar a los profesionales en una cultura del respeto y del cuidado.

# Tercera parte

# NARRATIVA SOBRE EL MORIR Y EL DUELO

Tiempos atrás se pintaban los cuadros del morir y del inmediato después. En una cama circundada de seres queridos o en plena batalla o escenario del crimen. Hoy, lo fotografiamos.

Si tienes que morir, y espero que no, creo que deberías intentar morir con la muerte más bella que puedas. Otorguemos un premio a la muerte más bella. Podemos llamarlo cielo[1].

Captar una muerte cuando en efecto está ocurriendo, dice Sontag, «embalsamarla para siempre es algo que solo pueden hacer las cámaras, y las imágenes»[2]. La cámara ha venido a sustituir a Dios, dice Santiago Alba, y a inducir incluso una vocación de martirio o, en general, de sacrificio, pues la víctima suele ser siempre el otro al que vemos morir en la pantalla de la televisión. «En los días más duros de la represión de Mubarak, en enero de 2011, un manifestante egipcio de Tahrir,

---

[1] A, BROYARD, *Ebrio de enfermedad*, *op.cit.*, 98.
[2] S. SONTAG, *Ante el dolor de los demás*, Penguin Random House Grupo Editorial, Barcelona 2010, 55.

rodeado de compañeros muertos, gritaba desafiante a la policía: "Matadme, que lo voy a grabar con mi celular"»[3].

## 1. Me estoy muriendo

Una parte de la humanidad puede hacer experiencia de estar al final de su vida cuando está enferma. Quizás en medio de buenos cuidados, como los paliativos, que generalmente permiten hacer procesos psicológicos y espirituales de relación significativa e incluso de resiliencia.

«He muerto. Vamos a ver: ¿qué estaba ocurriendo cuando morí?», escribe Santiago Alba[4]. Y añade: «Morirse es caer hacia dentro. El cadáver es un *Homo* que no puede huir, que no puede salir ya de sí mismo, ni siquiera diciendo "yo"»[5].

Anatole Broyard, en su bella y dura descripción de sí mismo, escribe: «Quieres que la humanidad te diga adiós, como hacen los buenos amigos cuando te dispones a zarpar. La idea de recibir la compasión unánime de dos mil millones de personas es la única condolencia que está a la altura del momento»[6].

Y Sontag escribe también sobre la contemplación de la muerte de los demás: «En el montón de fotos de esta mañana, hay una fotografía que puede ser el cuerpo de un hombre o de una mujer: está tan mutilado que

---

[3]   S. Alba Rico, *Ser o no ser (un cuerpo)*, *op. cit.*, 262.
[4]   *Ibid..*, 18.
[5]   *Ibid.*, 172.
[6]   A. Broyard, *Ebrio de enfermedad*, *op. cit.*, 165.

también podría ser el cuerpo de un cerdo»[7]. Al parecer, la apetencia por las imágenes que muestran cuerpos dolientes es casi tan viva como el deseo por las que muestran cuerpos desnudos.

El médico enfermo, Albert Jovell, escribe: «El derecho a la muerte digna no puede convertirse en una invitación a querer morir como medio para poner finitud y certeza a una situación incierta de sufrimiento y dolor»[8]. Vivimos en ausencia de una pedagogía de la muerte, lo que la convierte en un tema tabú o en algo que les pasa a los otros, pero no a uno mismo.

Pero si alguien ha descrito con belleza la propia conciencia de morir, ha sido Tolstói, en *La muerte de Ivan Ilich*. El escritor ruso Lev Tolstói, del siglo XIX, escribe una obra de arte, en la que se muestra la radical soledad de quien se enfrenta a la irremediable muerte. Tolstói recrea un sentimiento contradictorio que oscila entre la culpa y la desesperanza, en medio de una constante lógica: el miedo a la muerte, que no es otra cosa que el deseo de vivir aun cuando se deban asumir los riesgos que esto plantea. *La muerte de Iván Ilich* maneja los estereotipos de la felicidad: el estatus social, los triunfos laborales, la educación y las buenas costumbres, la moralidad y las tradiciones.

Las dinámicas potencialmente universales se muestran con elegancia literaria. Es el caso de los comentarios de los familiares, escuchados al otro lado de la puerta:

---

[7]  S. SONTAG, *Ante el dolor de los demás, op. cit.*, 12.
[8]  A. JOVELL, *Cáncer. Biografía de una supervivencia, op. cit.*, 300.

«–¡No, estás exagerando! –decía Praskovia Fiódorovna.

–¡Exagerando! ¿No lo ves? Es un hombre muerto. Mira sus ojos, no hay vida en ellos. ¿Pero qué es lo que le pasa?

–Nadie lo sabe. Nikoláiev –era otro médico– dijo algo, pero no sé qué. Y Leschetistski –este era el célebre especialista– dijo todo lo contrario…

Iván Ilich se alejó, fue a su habitación, se acostó y empezó a cavilar»[9].

«Algo debe estar mal. Debo calmarme, debo pensarlo todo desde el principio. Y de nuevo se puso a pensar. "Sí, el principio de mi enfermedad: me di un golpe en el costado, pero ese día y el siguiente todavía estaba bien. […] Pienso en el apéndice, ¡pero esto es la muerte! ¿Puede ser realmente la muerte?". De nuevo el terror se apoderó de él y jadeó»[10].

En las páginas de Tolstói leemos bellamente: «Iván Ilich veía que se moría y no cesaba de desesperarse. En el fondo de su corazón sabía que se estaba muriendo, pero no solo no estaba acostumbrado a pensarlo, sino que sencillamente no lo comprendía ni podía comprenderlo. El silogismo que había aprendido de la lógica de Kiseveter: "Cayo es un hombre, los hombres son mortales, por lo tanto, Cayo es mortal", siempre le había parecido correcto aplicarlo a Cayo, pero ciertamente no aplicado a sí mismo. Que Cayo –el hombre en abstracto– era mortal,

---

[9] L. Tosltói, *La muerte de Iván Ilich*, Letra Minúscula, 2023, 62.

[10] *Ibid.*, 65.

era perfectamente correcto, pero él no era Cayo, no era un hombre abstracto, sino una criatura muy separada de todas las demás»[11].

La conciencia del mal en el propio cuerpo, en la propia vida, y la dificultad para mantener una relación abierta, como es propio en contextos de pacto de silencio, la describe Tolstói así: «En el tercer mes de la enfermedad de Iván Ilich, su mujer, su hija, su hijo, sus conocidos, los médicos, los criados y, sobre todo, él mismo, se dieron cuenta de que todo el interés que tenía para los demás era saber si pronto abandonaría su lugar y, por fin, liberaría a los vivos de las molestias causadas por su presencia y se liberaría él mismo de sus sufrimientos»[12].

El párrafo que sigue recoge la crueldad de la soledad impuesta por el pacto de silencio en medio de la relación: «Lo que más atormentaba a Iván Ilich era el engaño, esa mentira –que por alguna razón todos aceptaban– de que no se estaba muriendo, sino que simplemente estaba enfermo, y que solo tenía que callarse y someterse a un tratamiento y entonces algo muy bueno resultaría. Sin embargo, él sabía que, hicieran lo que hicieran, no conseguirían nada, solo más sufrimiento agonizante y muerte. Este engaño lo torturaba: no querían admitir lo que todos sabían y lo que él sabía, sino que querían mentirle sobre su terrible estado, y querían y le obligaban a participar de esa mentira. Esas mentiras –mentiras

---

[11] *Ibid.*, 67.
[12] *Ibid.*, 71.

decretadas sobre él en vísperas de su muerte y destinadas a degradar este horrible y solemne acto al nivel de sus visitas, sus cortinas, su esturión para la cena– eran una terrible agonía para Iván Ilich. Y, por extraño que parezca, muchas veces, cuando hacían payasadas con él, había estado a punto de gritarles: "¡Dejad de mentir! Vosotros sabéis y yo sé que me estoy muriendo. Al menos dejad de mentir". Pero nunca había tenido el valor de hacerlo. Podía ver que el terrible acto de su muerte era reducido por los que le rodeaban al nivel de un incidente casual, desagradable y casi indecoroso –como si alguien entrara en un salón difundiendo un olor desagradable– y esto se hacía por ese mismo decoro al que él había servido durante toda la vida. Vio que nadie sentía nada por él, porque nadie quería siquiera comprender su posición. Solo Guerásim lo reconocía y se compadecía de él. Por eso cuando Guerásim le sostenía las piernas, a veces durante la noche, y se negaba a acostarse, diciendo: "No se preocupe, Iván Ilich. Ya dormiré más tarde", o cuando de pronto se ponía familiar y lo tuteaba: "Si no estuvieras enfermo, sería otra cosa, pero tal como están las cosas, ¿por qué no he de cuidarte?". Solo Guerásim no mentía; todo demostraba que solo él comprendía los hechos del caso y no consideraba necesario disfrazarlos, sino que simplemente se compadecía de su demacrado y enclenque amo. Una vez, cuando Iván Ilich le estaba despidiendo, llegó a decir sin rodeos: "Todos moriremos, así que ¿por qué no debería dar una mano?", expresando que no le parecía gravoso su trabajo, porque lo hacía por un moribundo y esperaba que alguien hiciera lo mismo por él cuando le llegara la hora»[13].

Una relación sanamente compasiva es la que espera Iván Ilich. Una relación que lo acepte en su verdad, que lo encuentre en su lugar, que lo acepte en su sentir. Esta es la experiencia que cosechamos cotidianamente en espacios de acompañamiento al final de la vida, en contextos de cuidados paliativos, como en el Centro San Camilo que dirijo, en Tres Cantos, Madrid. Las personas se muestran, como Ilich, anhelantes de un diálogo basado en la verdad. Tolstói lo describe así: «En ciertos momentos, tras prolongados sufrimientos, lo que más deseaba, aunque le hubiera dado vergüenza confesarlo, era que alguien se compadeciera de él como se compadece a un niño enfermo. Sabía que era un funcionario importante, que tenía una barba canosa y que, por tanto, lo que deseaba era imposible, pero aun así lo deseaba. Y en la actitud de Guerásim hacia él había algo parecido a lo que deseaba, por lo que esa actitud lo reconfortaba. Iván Ilich quería llorar, quería que lo acariciaran y lo lloraran, y entonces llegaba su colega Shebek, y en vez de llorar y ser acariciado, Iván Ilich adoptaba un aire serio, severo y profundo, y por la fuerza de la costumbre expresaba su opinión sobre una decisión del Tribunal de Casación e insistía obstinadamente en ese punto de vista. Esta falsedad a su alrededor y en su interior envenenó más que ninguna otra cosa sus últimos días»[14].

---

[13] *Ibid.*, 75.
[14] *Ibid.*, 76.

El mundo de matices de lo que se percibe alrededor de quien siente que se está muriendo es como para escucharlo y aprender de esa particular cátedra: la del sufrir, la del estar encamado, la del estar muriéndose. Dice Tolstói: «Su hija llegó vestida de gala, con su carne joven y fresca al descubierto, haciendo alarde de esa misma carne que en su propio caso le causaba tanto sufrimiento, fuerte, sana, evidentemente enamorada e impaciente ante la enfermedad, el sufrimiento y la muerte, porque interferían con su felicidad»[15].

## 2. Morir acompañado y humanizado

Los cuadros de no pocos santos han mostrado el morir idealizado, circundado de los seres queridos, ritualizado por la celebración de la fe. Fue Walter Nigg[16] quien mostró que no es el único modelo o paradigma de muerte humanizada, en su obra *La muerte de los justos*, de la que hice buena referencia en mi trabajo titulado *Muerte apropiada*[17].

Una muerte es tanto más humanizada cuanto más se logra que sea experiencia biográfica apropiada, vivida con protagonismo, de la que uno mismo pueda decir que no le ha sido expropiada.

Camilo de Lelis, fundador de la orden de los religiosos camilos a la que pertenezco, vivió un final cuyas

---

[15] *Ibid.*, 84.

[16] W. Nigg, *La morte dei giusti*, Città nuova, Roma 1990.

[17] J. C. Bermejo, *La muerte apropiada. Experiencias al final*, *op. cit.*

descripciones, en la literatura disponible sobre ello, resultan de sumo interés. En primer lugar, cabe rescatar algunas de sus indicaciones para el cuidado: «Cada uno se guardará, con toda la diligencia posible, de maltratar a los pobres enfermos, a saber: con palabras groseras u otras actitudes semejantes, sino que los tratará más bien con mansedumbre y caridad»[18].

En efecto, a Camilo «le apenaba ver cómo sufrían el trato de los empleados mercenarios, especialmente cuando llamaban por la noche»[19]. Digamos que los malos tratos estaban incorporados como normalidad en el cuidado.

Pero también, aspectos hoy tan mirados por los especialistas de bioética, como la indicación o no indicación de la nutrición e hidratación por vía artificial en situaciones particulares en las que los pacientes muestran estar al final, eran propios también de entonces. Así dice Cicatelli, biógrafo de Camilo: «Muchos eran los que fallecían en sus propios lechos de muerte violenta, es decir, sofocados por los propios parientes al llenarles la boca con excesivo alimento o demasiada bebida; en especial, cuando los pobres agonizantes padecían catarro o calentura y cualquier mínima cosa era bastante para sofocarlos [...]. A pesar de ello, muchas personas, sencillas, obstinadas, no lo querían entender y, bajo pretexto de celo o afecto, les metían cualquier cosa en la boca, no dándose cuenta de que en vez de aliviarlos los

---

[18] G. SOMMARUGA (ed.), *Escritos de san Camilo (1584-1614)*, Sal Terrae, Santander 2018, 23.

[19] S. CICATELLI, *Vida del P. Camilo de Lelis*, op. cit., 63.

mataban; convirtiéndose de esta manera en verdugos de sus propios maridos e hijos. […] Pero lo peor era que en este error no solo caían las personas sencillas, sino también muchos párrocos y no pocos religiosos, por no tener práctica ni experiencia en acompañar a morir»[20].

La belleza del acompañar a morir, expresada también en los cuadros, radica en una actitud ética que busca también el valor de la belleza: «Camilo consideraba el servicio prestado a los enfermos no solo como obra de arte, sino también y sobre todo como acción litúrgica»[21].

Entre las indicaciones de Camilo para humanizar el acompañamiento en el morir, decía: «Cuando un enfermo se encuentre ya en el tránsito, próximo a morir, procúrese con toda la diligencia posible que alguien sacerdote o incluso laico, esté siempre a su lado para recordarle algunas cosas espirituales, para el servicio de esa alma, y que no se aleje de él a no ser por verdadera necesidad, sea de día que de noche»[22].

La mirada de Camilo hacia el cuidado era holística realmente y en todas sus acepciones. Los cuidadores tenían sus competencias particulares y distintas, pero eran todos los que tenían que cuidar «el todo» del ser del enfermo. Entre sus reglas: «Todos, […] deben servir a los enfermos [...]: tanto en las necesidades corporales

---

[20] *Ibid.*, 113.

[21] A. PRONZATO, *Todo corazón para los enfermos. Camilo de Lelis*, Sal Terrae, Santander 2022, 228.

[22] G. SOMMARUGA (ed.), *Escritos de san Camilo (1584-1614)*, *op.cit.*, 44.

(limpiarles la lengua, darles de comer, lavarlos, arreglarles la cama, calentarlos, hacer las guardias, ayudarles a levantarse, calentarles los pies y otras cosas semejantes), como espirituales (exhortar a prepararse a recibir bien los sacramentos, administrárselos, ayudar y confortar a los agonizantes, encomendar las almas con la debida caridad)»[23].

Pero la aportación de Camilo no solo contribuye a humanizar el morir ajeno, en el contexto del cuidado, sino que es ejemplar al ver su propio final. Consciente de su gran vulnerabilidad, nos refiere: «Sí, señores, yo he seguido muchos tratamientos, tanto en Nápoles como en Génova, y aquí en Roma, y no mejoro, por lo que concluyo que hay aquí escondido algún secreto de Dios, y quién sabe si quiere que padezca alguna cosa por su amor; y ¿cuándo hemos de hacer algo bueno por la Eternidad, si no es al final de la vida?». «¿Por qué no he de estar alegre siendo esta la mejor noticia que yo podía tener? Ya no me preocupa más que Dios me conceda un pequeño rinconcito en el Paraíso»[24].

La sana conciencia de la finitud permite al protagonista del morir percibir la unicidad y lo extraordinario del proceso. Dice el historiador Mario Vanti sobre esto: «Después de celebrar la Unción, algunos de sus devotos deseaban hablarle; pero Camilo se excusó por medio del padre Mancini, su confesor, que había ido a anunciarle la visita, diciendo: "Padre mío, se muere solo una vez,

---

[23] *Ibid.*, 66-67.
[24] S. Cicatelli, *Vida del P. Camilo de Lelis, op. cit.*, 341.

y ya no se vuelve a remediar el mal hecho; no tengo más que un poco de tiempo, y con todas mis fuerzas debo procurar salir vencedor en la temible prueba de la muerte... y así espero hacerlo"»[25].

A las visitas que recibió después, aunque principales, Camilo les dio este recado: «Por mi amor que me excuséis con estos señores, que yo ya he recibido el Santo Óleo y me quiero retirar un poco dentro de mí mismo». El padre Marcelo Manfio le dijo a Camilo: «Padre, estos señores vienen por consuelo de sus almas, vuestra Paternidad los admita, que irán desconsolados por no verle». Respondió Camilo: «¡Qué quieren ver, sino un cuerpo casi corrompido, postrado en una cama, como un cadáver!; si esto desean, vayan a los hospitales, allí hagan obras de caridad y consuelen los enfermos»[26].

El 10 de julio de 1614 Camilo se expresa en estos términos: «Con esto acabo, enviando a todos (en cuanto me es concedido por Dios nuestro Señor, y de su parte) mil bendiciones; no solo a los presentes, sino también a los futuros que sean operarios de esta santa Orden hasta el fin del mundo». El 14 de julio: «Al médico, después de agradecerle, le dijo. "Otro médico me espera", y así pasó algunas horas rodeado de los suyos hasta las 21:30, hora en la que falleció a los 64 años»[27].

En efecto, en otros tiempos, más que ahora, «... la propia muerte se constituía en legado y en el don mayor

---

[25] M. Vanti, *El espíritu de San Camilo, op. cit.*, 234.

[26] S. Cicatelli, *Vida del P. Camilo de Lelis, op. cit.*, 352.

[27] M. Vanti, *San Camilo de Lelis y sus Ministros de los Enfermos*, Sal Terrae, Santander 2019, 419.

(Henry Nouwen), lo cual se hizo perceptible en los enterramientos, primera manifestación de significación colectiva de una espera más allá de la vida. En el fondo, los enterramientos fueron la institucionalización de la esperanza, y a la larga las instituciones comenzaron a aparecer fundamentalmente como expresión de una esperanza compartida»[28].

Anne Boyer nos narra la conciencia de morir con palabras fuertes: «Soñé que estaba en la consulta de un terapeuta para personas que tenían partes de cadáveres en su cuerpo. La terapia no era para la persona con el cadáver en su interior, sino para el propio cadáver. El cadáver en mi interior las había pasado canutas: habían usado su torso como radiador, partes suyas habían viajado en la parte de atrás de una camioneta, había estado en locales de mala muerte, habían jugado con ella como si fuera un juguete. No albergaba en mí más que unos cuantos centímetros cuadrados suyos, pero el dolor y la hinchazón de mi cuerpo dejaban claro que los rechazaba»[29].

## 3. *Ars moriendi*

*Ars moriendi* era el título de unos tratados que circularon especialmente a partir de la peste negra que azotó Europa en los comienzos del siglo XIV. Los consejos del *ars moriendi* procuran tranquilidad y buscan el estado

---

[28] N. Martínez Gayol, «La pequeña esperanza se abre paso a través de la historia», art. cit., 8.

[29] A. Boyer, *Desmorir, op. cit.*, 200.

de gracia del moribundo, tanto si está acompañado por clérigos como por laicos, puesto que aquellos no llegaban a todos. Pensar la muerte ayuda a vivir mejor y morir en paz. Los tratados pueden estar articulados como relatos o como grabados.

La idea de la buena muerte es profundamente cristiana y tiene sus raíces en el relato del buen ladrón que muere junto a Jesús. El último momento se considera crucial como posibilidad de cambiar. La idea de la buena muerte, aparentemente reservada a los santos, a partir de entonces se «democratiza». «Las *ars moriendi* vienen a reafirmar que, si bien no todos somos santos, todos podemos aspirar a morir como ellos, incluso los laicos. Los consejos de las *ars moriendi* procuran la tranquilidad y el estado de gracia del moribundo»[30].

La versión larga contiene seis cuestiones: 1. Elogio de la muerte. 2. Tentaciones que asaltan al moribundo y modo de superarlas. 3. Preguntas que hay que hacerle al enfermo para reafirmarlo en la fe y conseguir el arrepentimiento de sus pecados. 4. Necesidad de imitar la vida de Cristo. 5. Comportamiento que han de adoptar los laicos que acompañan al moribundo: presentación de imágenes sagradas, exhortación a recibir los últimos sacramentos e invitación a que el interesado otorgue un testamento. 6. Recitación de oraciones por parte de los presentes en favor del moribundo»[31].

---

[30] M. MARCELA MAZZINI, «Ars moriendi, ars vivendi»: *Revista Teología* 136 (2021), 63.
[31] *Ibid.*, 64.

La buena recepción de este tratado y su amplia divulgación hicieron pensar en la conveniencia de facilitar a los fieles un ejemplar de la obra resumida en sus elementos esenciales. Desde principios del siglo XV se da un «programa auspiciado por la Iglesia con el fin de educar a clérigos y laicos»[32].

Cinco grabados muestran las cinco tentaciones del demonio: se trata de hacer que desespere, que sea vanidoso, se impaciente, pierda la fe o añore su pasado. Todas estas tentaciones tienen por objeto fundamental que la persona se disperse y no se concentre en su tarea de «morir en gracia de Dios». Los otros cinco grabados muestran a las fuerzas celestiales socorriéndolo en el trance, según las versiones aparecen uno o varios ángeles, algún santo, la Virgen, la Trinidad, ayudándolo a resistir y forteleciendo al *moriens* en la fe, la esperanza, la paciencia, la humildad, y el desapego de bienes y afectos, para poder finalmente soltarse a sí mismo como un niño en manos de Dios.

Según la costumbre, la habitación del moribundo está llena de gente porque siempre se muere en público. La gran asamblea del fin de los tiempos tiene lugar en la habitación del enfermo, aunque lo que verdaderamente pasa es percibido solo por el moribundo. Se ponen las cosas en orden, como un modo de vivir en la verdad y una manera de facilitar la vida de quienes se quedan. «La presencia de seres queridos era motivo de

---

[32] E. Ruiz García, «El *ars moriendi*: una preparación para el tránsito» en: https://loyol.ink/qmopd, 319.

satisfacción y de consuelo para el interesado. Morir en soledad constituía un mal muy temido, de ahí el pánico que suscitaba la *mors* repentina o muerte súbita e inesperada. Por otra parte, los asistentes consideraban que era un privilegio participar en tal experiencia de forma directa»[33].

De 1900, tenemos distintas obras que forman colecciones como la «Biblioteca del enfermo». Es el caso de la obra *La muerte y el cielo. Compilación de lecturas e instrucciones para el hogar católico*, de Baltasar Vélez[34]. Se trata de una obra en la que se recogen numerosas reflexiones (son 700 páginas) que buscan ayudar a consolar (el mismo texto) y cualificar el consuelo espiritual de quienes acompañan en la enfermedad y al final de la vida. Entresacamos algunos párrafos:

«El sufrimiento salvó al mundo pagano; fue a manera de un cristianismo interior para los gentiles; una preparación evangélica. Y él es quien salva igualmente hoy a las gentes del mundo. Les impide andar enteramente a ciegas y endurecerse con los negocios de la vida. Presta ternura a su corazón. Los mantiene en la dulzura y en la bondad. Apóstol secreto, les predica cuando ya nadie se atrevía a ello. Esta es la razón por la que, en la hora de la muerte se admira uno en gran manera de la facilidad con que se vuelven a Dios»[35].

---

[33] *Ibid.*, 322.

[34] B. Vélez, *La muerte y el cielo. Compilación de lecturas e instrucciones para el hogar católico,* Biblioteca del enfermo, Barcelona 1900.

[35] *Ibid.*, 61.

Y también, en este género y modo de vivir el morir, encontramos expresiones de tono exhortativo para producir una cierta «pedagogía del morir»: «¡Habla, Señor, que tu siervo te escucha!» (1 Re 3). «Señor, en mi aflicción yo me callo; pero te escucho con el silencio de una alma contrita y humillada, a quien nada queda que decir en su dolor. ¡Dios mío! Tú ves mis heridas. […] Yo me callo, sufro y adoro en silencio; pero oyes mis suspiros y no se te ocultan los gemidos de mi corazón. No quiero escucharme a mí mismo: no quiero escuchar más que a ti y seguirte. ¡Oh amable Salvador, que después de habernos enseñado a vivir no te has desdeñado de enseñarnos, también a morir! Te suplico, por los dolores de tu muerte, que me hagas soportar la mía con humilde paciencia, y cambiar esa pena horrible, impuesta a todo el género humano, en un sacrificio lleno de alegría y de celo»[36].

De mucho interés lo que hoy diríamos en contextos de formación en relación de ayuda al enfermo, o que hemos podido escribir en otros libros sobre *La visita al enfermo*[37]: «Debemos visitar a los enfermos, pero con prudencia y discreción. Al acercarse a los enfermos es preciso tener cuidado de no manifestar una indiscreta alegría o extrema tristeza; lo primero indicaría insensibilidad o indiferencia, o también una distracción que impresionaría muy desagradablemente al enfermo. Lo segundo le haría creer que se le considera como incurable, o que su estado es alarmante, lo cual, naturalmente, le afligiría

---

[36] *Ibid.*, 240.
[37] J. C. Bermejo, *La visita al enfermo. Buenas y malas prácticas*, PPC, Madrid, 2014.

más, en vez de consolarlo; porque un enfermo por grave que esté, por próximo que esté a su fin, se complace siempre en que se le manifieste esperanza en su curación, o al menos, en suponer que no se desespera completamente de esta. Así, que, si deseamos que nuestra visita no le sea desagradable, es preciso evitar, sea quien quiera el visitante, el presentarse con el rostro triste o alarmado, y mucho más todavía el decirle al enfermo, como lo hacen algunas personas indiscretas o mal intencionadas, que parece que está peor, o menos bien que de ordinario; que está pálido o desencajado en su semblante, etc.»[38].

La mirada espiritual al morir tenía tintes de lo que hoy llamaríamos oportunidad de resiliencia, mirada posibilista de desarrollo humano también en el final: «Dale gracias a Dios porque ahora, aunque sea contra tu voluntad, te priva de tantas ocasiones de pecado como te proporcionaban las riquezas, y dile con el Apóstol: "Nada traje al mundo y nada llevo de este". [...] Considera, amigo, lo que por causa de la muerte ganas y compáralo con lo que pierdes. Con la muerte ganas la alegría, la paz, el reposo, la gloria y la abundancia de todas las cosas»[39].

En el siglo XVI, a los religiosos camilos, «en vez de Ministros de los Enfermos, el pueblo mismo comenzó a llamarlos "Padres de la Buena Muerte", como en Bolonia; o "Padres del Hermoso Morir", como en Florencia»[40].

---

[38] B. Vélez, *La muerte y el cielo*, op. cit., 323.
[39] *Ibid.*, 329.
[40] M. Vanti, *El espíritu de San Camilo*, op. cit, 355.

## 4. Dolientes y enlutados

En el texto analizado de 1900 sobre el arte de morir, se consideraba también el duelo desde una perspectiva ética, algo que hoy es menos frecuente encontrar, puesto que la mayor parte de la literatura se ha concentrado en narrativa experiencial y desde el punto de vista psicológico.

En *La muerte y el cielo* encontramos: «El principal luto lo guarda un católico no sometiéndose servilmente a todas esas exterioridades y exigencias de la moda, sino absteniéndose de toda diversión ruidosa, de todo aquello que pueda hacer creer que ningún pesar ha experimentado o experimenta por la muerte de su deudo. El propio decoro, las conveniencias y una costumbre racional le dirán bien cómo debe proceder sin escandalizar, y honrando a la vez la memoria del difunto. El luto por una persona verdaderamente querida se lleva en el corazón. ¿A qué esos encierros de días, de semanas, de meses y aun de años, sin querer admitir ningún consuelo, sin dejarse visitar de nadie, abandonando la práctica de los deberes ordinarios, y aun el templo? ¿A qué esos lutos perpetuos, aun en las paredes interiores de las casas, esos lloriqueos constantes, esas quejas contra la Providencia, esas narraciones intemperantes de la historia, enfermedad y muerte del difunto? La tristeza no es virtud sino cuando se tiene por haber ofendido a Dios. A este se le debe amar y servir con alegría»[41].

---

[41] B. VÉLEZ, *La muerte y el cielo, op. cit.*, 533.

Interesante y bella consideración metafórica la que encontramos en esta obra sobre los intentos de consolar en el duelo, cuando no son hechos de manera oportuna. Dice: «Así como un ojo enfermo no puede, sin dolor, sufrir el menor tocamiento, de la misma manera, cuando nuestra alma está poseída de una gran aflicción, si se intenta consolarla por medio de discursos, esos discursos le causan más aflicción cuando se emplean en los primeros momentos del dolor»[42].

## Duelistas: la pena en observación

Santiago Alba Rico, filósofo contemporáneo que nos acompaña en estas páginas, llega a decir que si hay una experiencia a la que puede aplicarse el concepto freudiano de «siniestro» es precisamente a esa insólita metamorfosis que transforma a un amigo, un novio, un padre (¡no digamos un hijo!) en un cadáver. «Lo espantoso del cuerpo muerto es que reconocemos ahí a nuestro amado (¡no digamos a un *Homo sapiens*!) y al mismo tiempo ya no es él, sino un coágulo de carne sin salida, con el molde del cuerpo todavía impreso en su silencio, pero ya despalabrado y sometido por eso a un incipiente proceso de corrupción y transformación disolutiva. Un cadáver es el cuerpo que, encerrado definitivamente en su carne, ya no puede huir de sí mismo y que tenemos que quemar o enterrar para que no siga transformándose ante nuestros ojos»[43].

---

[42] *Ibid.*, 647.
[43] S. ALBA RICO, *Ser o no ser (un cuerpo)*, op. cit., 84.

Pero un trabajo excelente, desde el punto de vista literario y después, también, cinematográfico, es el de Lewis. En 1952, la poeta Helen Joy Davidson, divorciada, apareció en la vida de Clive Staples Lewis, anglicano, soltero, hombre de gran cultura, que enseñaba en Oxford y afamado conferenciante. En su obra *Una pena en observación*, Lewis aborda el tema que recoge después la película *Tierras de Penumbra*, que es el sufrimiento y la esperanza en el acompañamiento al final de la vida y en el duelo. El libro recopila las notas manuscritas de Lewis en las que expone su pena, desde los acontecimientos cotidianos de la vida sin su esposa, hasta las profundas preguntas acerca de la fe, Dios y su silencio.

El libro es una especie de diario, o pequeños cuadernos que comenzó a escribir después de la muerte de su mujer, Helen, de cáncer, en los que cuenta cómo se va sintiendo día tras día. Al principio es como si todo le pareciera que estaba en contra suya, incluido Dios, pero va reflexionando con el tiempo e irá recuperando la confianza en sí mismo y encuentra como mayor apoyo a Dios.

«Los momentos en los que el alma no encierra más que un puro grito de auxilio deben ser precisamente aquellos en que Dios no puede socorrer. Igual que un hombre a punto de ahogarse al que nadie puede socorrer porque se aferra a quien lo intenta y lo aprieta sin dejarle respiro. Es muy probable que nuestros propios gritos reiterados ensordezcan la voz que esperamos oír»[44].

---

[44] C. S. Lewis, *Una pena en observación, op. cit.*

Del guion de la película, en la escena de acompañamiento a la muerte, extraigo frases que impactan y pueden contribuir a humanizar el acompañamiento al afligido:

«Cuando se acerca el fin es cuando descubres si verdaderamente crees o no».

«No sé qué hacer» («Tienes que dejarme marchar», dice ella).

«Finges que no te importa».

«Amor mío, descansa… ssss…. descansa».

«Te quiero Joy, me has hecho muy feliz».

Oración: «No abandones nunca a mi esposa… ten misericordia de los dos».

Tras la muerte de ella, la sinceridad de Lewis es muy grande, consigo mismo, con su hermano.

«Qué me está ocurriendo? No puedo verla, recordarla… tengo miedo de no volver a verla».

«Tengo mucho miedo de pensar que el sufrimiento no es más que sufrimiento, sin causa, sin propósito, sin sentido». Su hermano responde: «Yo no sé qué decirte» y él añade: «Nada, no hay nada que decir, ahora tengo un poco de experiencia; la experiencia es una maestra dura… y aprendes…».

En un encuentro con sus amigos, intentando recuperar su vida social, entre unos y otros dicen:

«La vida debe continuar».

«Todos lo hemos sentido. ¿Hay algo que podamos hacer?».

«No me digas que es lo mejor que podía ocurrir».

«Dios lo sabe, pero ¿le importa?».

«Somos las criaturas, las ratas del laboratorio cósmico; Dios es el inspector».

«Todo este mundo es un maldito caos».

Particular interés tiene el diálogo con Douglas, el hijo de Helen:

«–No sé qué decirle.

–Cuando mi madre murió… creía que si rezaba para que se curase y tuviera fe, se curaría y no moriría, pero murió.

–(Douglas): ¿No funciona?

–No. No funciona.

–Da igual.

–No sé por qué ha tenido que pasar esto.

–Ni yo tampoco.

–Crees que existe el cielo?

–Lo creo…

–Yo no creo.

–No importa… Pero me gustaría volver a verla…

–Y a mí también (llorando)».

Y con uno de sus alumnos, al regreso a la universidad, le escuchamos:

«Leemos para saber que no estamos solos».

«¿Por qué el amor, cuando lo pierdes duele tanto? Ya no tengo respuestas. Solo tengo la vida que he vivido. Dos veces he podido elegir: como niño y como hombre. El niño eligió la seguridad. El hombre elige el sufrimiento. El dolor de ahora es parte de la felicidad de entonces. Ese es el trato».

La riqueza y belleza de los diálogos mantenidos desde la aflicción por la muerte de su pareja, tanto con su hermano, como con el hijo de ella o sus amigos, invitan a hacer un ejercicio de empatía compasiva, empatía moral, que permita desarrollar la comprensión del sufrimiento y que abra paso a estilos relacionales humildes en la relación de ayuda en el duelo.

*Sin palabras. Francesc Torralba*

Conocí a Francesc Torralba hace años, en contextos formativos sobre humanización, bioética, mundo de los mayores, final de vida… y he coincidido con él como conferenciante dentro de diferentes programas. Ahora nos sentimos unidos también como *duelistas* (palabra más usada en Argentina, título de libro) en el sentido de personas en duelo, interesados y estudiosos del duelo.

Francesc Torralba es doctor en Filosofía, Teología, Pedagogía, Historia, Arqueología y Artes Cristianas… Profesor en la Universidad Ramón Lull. Dirige la cátedra de Pensamiento Cristiano del obispado de Urgel, la cátedra Ethos, de ética aplicada, en la Universidad Ramón Lull. Es director de revistas y escribe en varias, preside comités de ética, miembro de la Real Academia de Doctores y Doctores *honoris causa*, del Dicasterio de Cultura y Educación de la Santa Sede… Tiene más de 20 premios: citemos el de Premio Ratzinger 2023.

Torralba es conocido por su capacidad de abordar temas complejos con sencillez y cercanía. Enfatiza su compromiso con los grandes temas humanos: el sentido de la vida, la ética y la espiritualidad.

Pues bien: nada de su currículum académico lo vacuna contra el sufrimiento que provoca la muerte de Oriol a su padre. Más bien, desencadena lo que podríamos llamar «el *sufriculum*».

Podríamos decir que escribe como cartógrafo del alma; en este caso, explorando en primera persona, los terrenos del sufrimiento por la muerte de Oriol, como un obrero de la palabra, uno que la trabaja: es «hacedor de ella».

Autor prolijo. Solo cito algunos títulos que han estado en la cabecera de mi cama y en los vuelos transatlánticos: *El hijo mayor, Humildad, Inteligencia espiritual, El perdón, El arte de saber escuchar*, etc.

Con ocasión de la muerte repentina de su hijo Oriol, Francesc Torralba escribió, en 2024, el libro *No hay palabras. Asumir la muerte de un hijo*. Se trata de una reflexión íntima sobre aquellos momentos de la vida donde el lenguaje no alcanza, donde el silencio, los gestos y la presencia cobran un significado más profundo. Después de aquel 14 de agosto de 2023, el duelo pasó a ser algo distinto al tema de interés que había sido hasta entonces, sobre el que ya había escrito algún libro, como *Palabras de consuelo ante la muerte de un ser querido*.

Francesc dice en su libro *No hay palabras* que «… la escritura tiene un efecto liberador, terapéutico: Escribo para pensar». La muerte, reconoce, «es tiránica, irrumpe de repente y se lleva lo que más quieres». «Escribo para narrar "lo inenarrable"[45], el inmenso dolor de quien se

---

[45] F. Torralba, *No hay palabras. Asumir la muerte de un hijo*, *op. cit.*, 89,

convierte en *shjol,* en hebreo el padre o madre desconsolado por la muerte de un hijo»[46].

Una vez que ha sentido resquebrajada el alma y la vida, yo diría que Torralba ha necesitado plasmarlo por escrito. «La escritura es liberadora, pero el proceso ha sido doloroso». Se trata de un libro «edificante», que es como él entiende el papel de los libros, ya que «si hubiera salido un libro lleno de odio y rabia, lo habría guardado en un cajón». Este es un modo de «destilar emociones», «aclarar el corazón», desahogarse con el «interlocutor invisible» (el lector). Yo acojo con agradecimiento lo que él llama «manojo de pensamientos y sentimientos»[47].

El libro es también «un homenaje a Oriol», un modo de «volver a pasar por el corazón», un ejercicio de agradecimiento, que evita que llegue a ser «un vertedero emocional», una búsqueda de utilidad para otros padres y madres, la expresión de «un deber de justicia», un «recreo espiritual» que no congele la memoria en Bulnes o en Caín, orilla del Cares[48].

*No hay palabras. Asumir la muerte de un hijo* es un título paradójico, obviamente, puesto que lo es de un libro lleno de palabras. Sí, sí hay palabras, aunque en ocasiones también hay que «ayunar de palabras» (como ha dicho el papa Francisco). Hay palabras para matizar

---

[46] *Ibid.,* 147.

[47] *Ibid.,* 10-11.

[48] *Ibid.,* 12, 13, 19. Oriol falleció en un accidente de montaña, cuando realizaba una excursión por los Picos de Europa en compañía de su padre.

incluso, entre aceptar y asumir: «asumir es absorberlo de una manera tan profunda que aquel acontecimiento acaba formando parte inseparable de la persona»[49].

Hay palabras como «ha muerto» y no el eufemismo «pérdida de un ser querido». Francesc, como diría Lluís Duch: «ha empalabrado el duelo», empoderándose así también, mostrando en canal su corazón más humanizado, si cabe. Ha empalabrado el sentir del corazón, el pensar del corazón, más allá de la gramática de las lágrimas como mensajero universal del sufrimiento. Pero, a mi juicio, Francesc ha llorado mucho también hacia adentro, masticando el dolor en crudo y en soledad, construyendo ahora un particular *su/riculum*.

Veo el planteamiento del tema del duelo de Francesc alineado con el del psicoanalista Jean Allouch, que, en *Erótica del duelo en tiempos de muerte seca*[50] critica los modelos interpretativos que hablan de pérdida y propone el concepto de «amputación», como hace Francesc sin llamarlo así: «yo tampoco seré nunca más el de antes»[51]. Es como «desaferrarse de una pierna o de un brazo», como si a uno «le arrancaran un brazo o una pierna, cambia todo tu organismo». «Cuando se va alguien querido, una parte de ti también muere»[52].

Asumiendo el duelo, Francesc repite la hipótesis resiliente, el aprendizaje de lo esencial, la recolocación de

---

[49] *Ibid.*, 16.

[50] J. ALOUCH, *Erótica del duelo en tiempos de la muerte seca*, Ediciones Literarias, Córdoba, Argentina 2010.

[51] F. TORRALBA, *No hay palabras*, *op. cit.*, 83.

[52] *Ibid.*,181.

los valores. Se despierta la prudencia, nos hace humildes, se genera un movimiento hacia la gratitud; porque, parafraseando a V. Frankl «no somos libres de elegir las desgracias que nos suceden, pero sí de decidir cómo las afrontamos y qué aprendemos de ellas»[53]. Escribiendo, ha logrado, entre otras cosas, que su hija Anna compusiera la canción *Felicidad perfecta*, un modo más de expresarse y consolarse familiarmente, como afligidos, que es la palabra más usada por Francesc en su obra.

Parece Francesc un hortelano del espíritu: cultivando el pensar y el sentir, haciendo consciente el latido del corazón (auscultándolo) y dejándole ser fecundo, irradiar sangre por todo su cuerpo. En su obra, se percibe el agarradero de la fe, quizás presentado con timidez. Se lee, a veces entre líneas, sobre eternidad: «Yo lo creo, y este acto de fe es una fuente de esperanza. Me abre los ojos»[54]. Intuyo la hondura de lo que escribe y quizás algo de «lo que no dice». Un padrenuestro, sentado en el tronco del árbol, en medio de la magnitud de la tragedia, o aquellos otros repetidos en el silencio de la noche, también la primera. La «sed espiritual» la saciará, en parte, en «sintonía existencial» con Kierkegaard.

Entre las páginas de *No hay palabras* hay el legítimo espacio para los maestros de la sospecha; o el legítimo grito desgarrador de quien lo que más necesita es «gritar desde lo hondo», como dice el salmista (Sal 130).

---

[53] *Ibid.*, 100.
[54] *Ibid.*, 165.

Quizás porque, como refiere Francesc: «No lo podemos decir todo, no lo podemos verbalizar todo», aunque «filosofar es aprender a morir»[55]. En este caso, filosofar es también sobrevivir.

Hay una mezcla de pudor, abatimiento, sospecha, quizás idea de que «todo es un invento» para consolarnos y la razón se impone desplazando a la confianza de la fe. «Uno quiere creerlo, pero a la vez se pregunta si no será un cuento de hadas, un relato pensado para consolarlo». «Todo está mudo», pero llega a decir: «Gracias a Él, el ser finito goza de una vida en abundancia»[56] (p. 170).

Al leer a Francesc, me han venido a la mente los maestros de la sospecha, Feuerbach, Freud y otros que nos invitaron a pensar que Dios y la vida eterna son tan solo proyección, ficción, ilusión, expresión de un deseo, pero también Hans Küng, que dice al respecto:

«Respondo que también son, naturalmente, expresión de un deseo. ¿Qué instancia me puede prohibir el deseo de que con la muerte no se acabe todo? [...]. La persona humana es innegablemente un ser de deseos, un ser finito con infinitos anhelos, que encuentra y vuelve a buscar, conoce y de nuevo duda, goza e incluso en el mismo gozo sigue insatisfecho. ¡Todo gozo quiere eternidad, quiere profunda, profunda eternidad! ¿Y dónde, dónde encuentra profunda, profunda eternidad?»[57].

---

[55] *Ibid.*, 175.
[56] *Ibid.*, 170.
[57] H. KÜNG H., *Morir con dignidad. Un alegato a favor de la responsabilidad*, Trotta, Madrid 1997.

El grito desgarrador de un padre, de Francesc —y su eco entre las montañas—, tras la muerte de Oriol, debió escucharlo un lector como yo, que, aunque haga el esfuerzo compasivo y empático más esmerado, no he perdido un hijo, aunque he perdido a mis padres, a mi hermano con 19 años, a mi mejor amigo, y desearía poder decir con Antonio Machado: «Mi corazón espera / también, hacia la luz y hacia la vida, / otro milagro de la primavera».

Al leer a Torralba, me han venido a mi mente san Agustín (s. IV), y san Bernardo (s. XII), de quienes quisiera decir algo.

San Agustín, a quien yo leí particularmente con ocasión de la muerte de mi mejor amigo, tras lo cual también escribí: *Orar el duelo*[58] fue golpeado especialmente por la muerte de su amigo, aunque ya hubiera perdido a su madre y a su hijo. Con pinceladas geniales escribe en su autobiografía, conocida como las *Confesiones*:

«¡Con qué dolor se entenebreció mi corazón! Cuanto miraba era muerte para mí. La patria me era un suplicio, y la casa paterna un tormento insufrible, y cuanto había comunicado con él se me volvía sin él crudelísimo suplicio. Le buscaban por todas partes mis ojos y no parecía. Y llegué a odiar todas las cosas, porque no le tenían ni podían decirme ya como antes cuando venía después de una ausencia: "He aquí que ya viene". Me había hecho a mí mismo un gran lío y preguntaba a mi alma por qué estaba triste y me conturbaba tanto, y

---

[58] J. C. Bermejo, M.ª P. Ayerra, *Orar el duelo*, op. cit.

no sabía qué responderme. Solo el llanto me era dulce y ocupaba el lugar de mi amigo en las delicias de mi corazón»[59].

«Llevaba a cuestas, rota y sangrante, a mi alma, que no soportaba ser llevada por mí y no hallaba dónde ponerla. Ni en el encanto de los bosques, ni en los juegos y canciones, ni en los parajes de suave olor, ni en los festines rebuscados, ni en los deleites de la alcoba y del lecho, ni siquiera en los libros y en la poesía encontraba descanso mi alma. Todo, hasta la misma luz, me causaba horror, y todo cuanto no era lo que él era, resultaba insoportable y odioso, salvo el gemir y el llorar; que solo en esto hallaba algún ligero reposo»[60].

En el siglo XII encontramos el escrito de san Bernardo, donde se desahoga de su propio sufrimiento por la muerte de su hermano Gerardo, escribiendo expresiones como estas:

«¿Hasta cuándo seguiré disimulando que el fuego que oculto dentro de mí mismo abrasa mi triste corazón y devora mi interior?». «Encerrado se extiende más, ataca con más crueldad. ¿Qué me importa ese cántico si vivo amargado? La agudeza del dolor debilita mi voluntad y la indignación del Señor consume

---

[59] San Agustín, *Confesiones*, IV 4,9.

[60] San Agustín, *Confesiones*, IV 6, 12. Cicerón inspiró a Agustín quien escribió fuerte, con expresiones hoy difíciles de comprender, sobre la pérdida de un amigo. Afirmaba: «¿Esperas consuelos? Recibe reconvención. ¿Con tanto disgusto soportas la muerte de un hijo ¿Qué harías si perdieses a un amigo? Si experimentases el mayor de los males, la pérdida de un amigo», *Epístolas morales a Lucilio*, II, carta 99, Gredos, Madrid 1989, 238.

mi espíritu», «violentando mi alma, lo he tenido encubierto hasta ahora, para no dar la impresión de que el afecto era superior a la fe». «Todos sentían lástima, no por él, sino por mí que lo había perdido. ¿Podría tener alguien un corazón de hierro para no conmoverse por mí al ver que sobrevivía a Gerardo?». «El dolor reprimido echó raíces más profundas en mi interior, y creo que lo intensificó más, por no haberle permitido su desahogo. Lo confieso: me ha vencido. Debo salir afuera lo que sufro dentro». «Sí, brote mi llanto en presencia de mis hijos que conociendo mi pesar consideran que lo más humano son las lágrimas, y me consolarán más entrañablemente». «Brotad, corred lágrimas tanto tiempo reprimidas». «Tampoco nuestro llanto es signo de infidelidad, sino una prueba de nuestra condición. Si lloro al estar herido no acuso al causante». «Una auténtica muerte que lleva a uno y aniquila furiosamente a dos»[61].

Pues bien, Francesc Torralba, en *No hay palabras,* expresa este sentir agradecido así: «El lenguaje de la gratitud requiere atención y consciencia, pero, sobre todo, apertura de miras y generosidad de espíritu»[62].

Pues bien, yo me sumo, con ternura y acallando mi tentación de seguir poniendo palabras al eco de la lectura en mí, dando gracias a Dios por la vida de Oriol, muerto en la segunda estación de la vida y acogiendo el desafío del epílogo del libro de Francesc, transformándolo en

---

[61] BERNARDO DE CLARAVAL, *Sermones sobre el Cantar de los Cantares*, XXVI, BAC, Madrid 2016, 307-328.

[62] F. TORRALBA, *No hay palabras, op. cit.*, 2024, 139.

deseo: «Que la muerte de un ser querido nos haga profundamente humildes»[63].

Porque, con la muerte de Oriol, creo que tú y tu mujer, y tus hijas, con razón podríais repetir las palabras de Miguel Hernández con motivo de la muerte de Ramón Sijé: «Tanto dolor se agrupa en mi costado, que por doler me duele hasta el aliento».

---

[63] *Ibid.*, 211.

# Cuarta parte

## ESCUCHA Y ACOMPAÑAMIENTO

Recogemos en estas páginas algunas pasiones por la belleza de la escucha, un pespunte hecho de puntadas contextualizadas también en lo que va sucediendo en nuestros tiempos en que se profesionaliza incluso el *counselling* o forma de cualificar las relaciones que quieren ser de ayuda para quien vive estaciones oscuras y busca luz.

«No es bueno que el hombre esté solo» (Gn 2,18) se nos dice en la primera página de la sabiduría judía. Pero peor que estar solo es «oír como el que oye llover» o «tener oídos sordos, como una tapia» o «escucharse solo a sí mismo». Quizás uno de los elementos fundamentales de nuestra relacionalidad, así como de la *cultura del encuentro*, sea precisamente la escucha.

Así nos lo ha recordado el papa Francisco, que escribía: «En las páginas bíblicas aprendemos que la escucha no solo posee el significado de una percepción acústica, sino que está esencialmente ligada a la relación dialógica entre Dios y la humanidad. "Shema' Israel – Escucha, Israel" (Dt 6,4), el *íncipit* del primer mandamiento de la Torá se propone continuamente en la Biblia, hasta tal punto, que san Pablo afirma que "la fe nace del mensaje que se escucha" (Rom 10,17)»[1].

## 1. La escucha en el Sínodo de la sinodalidad[2]

El mundo espera que la institución de la Iglesia católica se muestre dialógica, que sus mecanismos y estrategias sean participativos, que se apueste por el poder del diálogo y la deliberación como caminos de aproximación a las claves evangélicas humanizadoras.

Los trabajos del Sínodo, en efecto, no se agotaron en el aula sinodal ni en la novedad del perfil de los participantes, hombres y mujeres, pero tienen un eco fundamental en el documento final. En estas pocas páginas que siguen, nos asomamos a los números de este documento en los que se cita la palabra «escucha». Se encuentra en diferentes contextos. Su relevancia es tal, que vale la pena hacer esta pequeña recopilación de los puntos que hablan de la escucha.

En primer lugar, en el número 6 del documento, se nombra el «pecado contra la escucha». «Llamamos a nuestros pecados por su nombre: contra la paz, contra la creación, contra los indígenas, los migrantes, los menores, las mujeres, los pobres, la escucha, y la comunión.

---

[1] Francisco, *Mensaje del Santo Padre Francisco para la 56 Jornada Mundial de las Comunicaciones Sociales*, 24 de febrero de 2022.

[2] Francisco, *Por una Iglesia sinodal: comunión, participación y misión. Documento final*, Roma, 24 de noviembre de 2024.

Esto nos hizo darnos cuenta de que la sinodalidad exige arrepentimiento y conversión».

Por otro lado, reclama, como han podido hacer diferentes teólogos que se significaron especialmente por la defensa de los pobres, la necesidad de escuchar su clamor: «Los ámbitos de la vida y misión de la Iglesia que ya han comenzado a profundizar son los siguientes: [...] Escuchar el clamor de los pobres y de la tierra. 3. La misión en el ambiente digital» (n. 8).

El documento final del Sínodo sobre la sinodalidad, por otro lado, pone a Jesús y a María como referentes de escucha: «Jesús pasó entre los pobres, caminando con ellos: los escucha y, al mismo tiempo que responde a sus dudas e interrogantes, se enriquece con la novedad que cada uno aporta, con su historia y su cultura. En la práctica de esta acción pastoral, la comunidad cristiana experimenta, a menudo sin ser plenamente consciente de ello, la primera forma de sinodalidad» (n. 24). «Los Evangelios presentan a Jesús constantemente en escucha de la gente que se encuentra con él por los caminos de Tierra Santa. Hombres o mujeres, judíos o paganos, doctores de la ley o publicanos, justos o pecadores, mendigos, ciegos, leprosos o enfermos, Jesús no despide a nadie, sino que se detiene a escuchar y a entablar un diálogo. Ha revelado el rostro del Padre saliendo al encuentro de cada persona allí donde está su historia y su libertad. De la escucha profunda de las necesidades y de la fe de las personas con las que se encontraba, brotaban palabras y gestos que renovaban sus vidas, abriendo el camino para sanar las relaciones. Jesús es el Mesías que "hace oír a los sordos y hablar a los mudos" (Mc 7,37) [...]. Cuando escuchamos a nuestros hermanos, participamos de la actitud con la que Dios, en Jesucristo, sale al encuentro de cada uno» (n. 51).

De la Virgen María, «aprendemos el arte de la escucha, la atención a la voluntad de Dios, la obediencia a su Palabra, la capacidad de captar las necesidades de los pobres, la valentía de ponerse en camino, el amor que ayuda, el canto de alabanza y la exultación en el Espíritu» (n. 29).

El espacio privilegiado para promover la escucha es la familia. Dice así: «Es en la familia donde aprendemos que tenemos la misma dignidad, que hemos sido creados para la reciprocidad, que necesitamos ser escuchados y somos capaces de escuchar, de discernir y decidir juntos, de aceptar y ejercer una autoridad animada por la caridad, de ser corresponsables y rendir cuentas de nuestras acciones. La familia humaniza a las personas mediante la relación del nosotros y, al mismo tiempo, promueve las legítimas diferencias de cada uno» (n. 35). «La palabra "conversación" expresa algo más que un mero diálogo: entrelaza armoniosamente pensamiento y sentimiento y genera un mundo de vida compartido» (n. 45).

La llamada interna del Sínodo a la propia Iglesia se concreta en distintos escenarios. «La Iglesia debe escuchar con particular atención y sensibilidad la voz de las víctimas y de los sobrevivientes de los abusos sexuales, espirituales, institucionales, de poder o de conciencia de parte de miembros del clero o de personas con cargos eclesiales. La auténtica escucha es un elemento fundamental en el camino hacia la sanación, el arrepentimiento, la justicia y la reconciliación» (n. 55).

En particular, el documento reclama la escucha de los que sufren, motivo por el cual nos interesa especialmente en estas páginas. «La escucha de los que sufren la exclusión y la marginación refuerza la conciencia de la Iglesia de que es parte de su misión hacerse cargo del peso de estas relaciones heridas para que el Señor, el "Viviente", pueda sanarlas» (n. 56).

Es la actitud, sobre todo, que se reclama la Iglesia a sí misma, para vivir encarnada en la realidad: «Gracias a este dinamismo en el Espíritu, el Pueblo de Dios, escuchando la realidad en la que vive, puede descubrir nuevos ámbitos de compromiso y nuevas formas de realizar su misión» (n. 58).

Particularmente interesante la llamada a escuchar a los niños: «La Iglesia no puede ser sinodal sin la aportación de los niños, portadores de un potencial misionero que hay que valorizar. Su voz es necesaria para la comunidad: debemos escucharla y comprometernos para que todos en la sociedad la escuchen, especialmente los que tienen responsabilidades políticas y educativas» (n. 61).

En espacios tan importantes como es el estudio de la teología, el documento reclama la escucha: «La sinodalidad eclesial compromete también a los teólogos a hacer teología en forma sinodal, promoviendo entre ellos la capacidad de escuchar, dialogar, discernir e integrar la multiplicidad y la variedad de las instancias y de los aportes» (n. 67).

También en lo referente a la identificación de los candidatos al ministerio del episcopado: «La Asamblea sinodal desea que el Pueblo de Dios tenga más voz en la elección de los obispos. [...] Es igualmente importante que, sobre todo durante las visitas pastorales, pueda pasar tiempo con los fieles, para escucharlos con vistas a su discernimiento» (n. 70).

A los presbíteros, el Sínodo les reclama una disposición para escuchar a todos: «En una Iglesia sinodal, los presbíteros están llamados a vivir su servicio en una actitud de cercanía a las personas, de acogida y escucha de todos, abriéndose a un estilo auténticamente sinodal» (n. 72).

Y una innovación sobre la cual no sabemos el alcance que podemos esperar es la de considerar la escucha tan esencial a la vida de la comunidad eclesial que sugiere que en las diócesis donde se considere oportuno se la mire como un ministerio más. «El proceso sinodal ha renovado la conciencia de que la escucha es un componente esencial de todos los aspectos de la vida de la Iglesia: la administración de los sacramentos, especialmente el de la Reconciliación, la catequesis, la formación y el acompañamiento pastoral. En este marco, la Asamblea dedicó atención a la propuesta de crear un ministerio de escucha y acompañamiento, mostrando diversas orientaciones. Algunos se mostraron a favor, porque dicho ministerio sería una forma profética de subrayar la importancia de la escucha y el acompañamiento en la comunidad. Otros afirmaron que la escucha y el acompañamiento son tarea de todos los bautizados, sin necesidad de que sea un ministerio específico. Otros subrayaron la necesidad de profundizar, por ejemplo, en la relación entre este posible ministerio y el acompañamiento espiritual, el *counselling* pastoral y la celebración del sacramento de la reconciliación. También surgió la sugerencia de que el posible ministerio de escucha y acompañamiento debería dirigirse especialmente a acoger a los que están al margen de la comunidad eclesial, a los que vuelven después de haberse alejado, a los que buscan la verdad y desean que se les ayude a encontrarse con el Señor. Por tanto, sigue siendo necesario proseguir el discernimiento a este respecto. Los contextos locales donde esta necesidad es más sentida podrán promover su experimentación y desarrollar posibles modelos sobre los que discernir» (n. 78).

Cabe esperar un futuro de valoración creciente de la escucha como disposición a la hospitalidad en el sufrir.

## 2. La hondura de la escucha en el sufrir

En España, actualmente, desde 1997 existen casi 50 Centros de Escucha inspirados en el que yo fundara con el nombre de *San Camilo*. Son servicios nacidos para realizar procesos de acompañamiento en el sufrimiento, de escucha empática y para practicar esa comprensión que alivia y sana en el corazón. No son lugares para decir: «Aquí escuchamos y a ver lo que pasa», sino espacios donde «se puede decir todo», porque todo es acogido con sagrado respeto, validando sentimientos y confrontando pensamientos y conductas.

Paralelamente, se va profundizando en la envergadura de la escucha. Surgen acciones formativas de diferente rango, incluso un máster, cuyo objetivo fundamental es ayudar a las personas que se quieren preparar para escuchar, aliviar y consolar un poco del sufrimiento inevitable que todo ser humano tiene, así como para disminuir ese sufrimiento evitable, particularmente el que está en el modo como gestionamos los pensamientos, sentimientos, acontecimientos...

De diferentes maneras somos interpelados a desarrollar competencias específicas para hacer de la escucha un servicio competente. No basta con la buena intención. Hay tiempos en los que la necesidad de ser escuchados requiere una escucha profesionalizada, por parte de alguien que se haya entrenado en acompañar, en acoger, en saber generar las coordenadas actitudinales y usar las competencias blandas[3] en suficiente grado como para que la escucha sea eficaz.

Son competencias blandas para escuchar las que tienen que ver con la capacidad relacional de dialogar, de acompañar adecuadamente la narrativa, de personalizar en la comunicación. Pero son igualmente necesarias las competencias en la gestión de los sentimientos del escuchado y del que escucha. Asimismo, creemos importantes las competencias éticas y espirituales para acompañar el mundo de los valores y del sentido, del misterio y de la trascendencia. Pensamos en la relevancia que tienen

---

[3] J. C. Bermejo, M. Villacieros, P. Martínez, *Humanizar. Humanismo en la asistencia sanitaria, op. cit.*

las competencias culturales para acoger la diversidad y captar los significados que tienen un eco diferente según la cultura del interlocutor.

El papa Francisco ha dicho que «en la acción pastoral, la obra más importante es "el apostolado del oído"». Escuchar antes de hablar, como exhorta el apóstol Santiago: «Que toda persona sea pronta para escuchar, lenta para hablar» (1,19). «Dar gratuitamente un poco del propio tiempo para escuchar a las personas es el primer gesto de caridad»[4].

## Auscultare *más que* audire

El término español «oír» deriva del latín «*audire*» que significa percibir los sonidos por el oído. En cambio, la palabra escuchar proviene del latín «*ascultare*» y denota oír con atención, prestar atención a lo que se oye.

Escuchar no es simplemente oír al otro. Cuando se oye, no se captan con esmero las ondas sonoras que se reciben por el oído. Por eso, oír es un acto pasivo que se reduce al terreno de la mera sensación. En cambio, escuchar es un proceso interno de quien quiere, por propia decisión, abrirse a la comunicación. Constituye un acto de voluntad y una manera intencional de percibir los sonidos, un acto que conlleva concentración, atención, memoria y reflexión, lo que coadyuva

---

[4] FRANCISCO, *Mensaje del Santo Padre Francisco para la 56 Jornada Mundial de las Comunicaciones Sociales*, 24 de febrero de 2022.

a desentrañar las palabras que dice el interlocutor y a interpretar el mensaje[5].

El tema de la escucha es de gran relevancia, ya que esta permite comprender, como lo ha señalado Gadamer[6]. La hipótesis a partir de la cual se trabaja es que escuchar es un fenómeno profundo e invisibilizado, que favorece una condición de apertura existencial que permite la comprensión del otro.

La escucha es un esfuerzo de alteridad intenso; es el opuesto complementario del habla y requiere una apertura existencial importante, que facilita un acercamiento al otro en su totalidad bio-psico-socio-cultural-espiritual e histórica[7].

Resulta particularmente sugerente el párrafo de O'Donnell sobre la escucha, con el que nos reclama prudencia en el hablar a quien sufre: «Cuando te pido que me escuches y tú empiezas a darme consejos, no has hecho lo que te he pedido. Cuando te pido que me escuches y tú empiezas a decirme por qué no tendría que sentirme así, no respetas mis sentimientos. Cuando te pido que me escuches y tú sientes el deber de hacer algo para resolver mi problema, no respondes a mis necesidades. ¡Escúchame! Todo lo que te pido es que me escuches, no que

---

⁵ P. Lilian, *Hacia una ontología del escuchar. Fundamento del diálogo intercultural*, https://loyol.ink/nkqgu

⁶ Hans-Georg Gadamer, *Verdad y Método. Fundamentos de una hermenéutica filosófica*, Sígueme, Salamanca 1993.

⁷ D. Joaqui Robles y D. N. Ortiz Granja, «La escucha como apertura existencial que posibilita la comprensión del otro»: *Sophia, Colección de Filosofía de la Educación* 27 (2019), 187-215.

hables o que hagas. Solo que me escuches. Aconsejar es fácil. Pero yo no soy un incapaz. Quizás esté desanimado o en dificultad, pero no soy un inútil. Cuando tú haces por mí lo que yo mismo podría hacer y no necesito, no haces más que contribuir a mi inseguridad. Pero cuando aceptas, simplemente, que lo que siento me pertenece, aunque sea irracional, entonces no tengo que intentar hacértelo entender, sino empezar a descubrir lo que hay dentro de mí»[8].

Cuando logramos acoger en el diálogo, escuchamos por qué las personas realizan las acciones que realizan. Escuchar es el camino más adecuado para tener acceso al otro en su totalidad hablante y no solo en el sentido que se manifiesta literalmente en el lenguaje hablado, sino en el modo más íntimo y profundo, que es comprender al otro de manera integral y en la profundidad de su ser que puede no ser expresado, pero que puede ser escuchado[9].

La escucha no es cualquier cosa. Es un ejercicio de humildad radical, como también decía Francisco: «La escucha corresponde al estilo humilde de Dios. […] La escucha, en el fondo, es una dimensión del amor. […] Es el don más precioso y generativo que podemos ofrecernos los unos a los otros»[10].

---

[8] R. O'DONNELL, «La escucha», en A. PANGRAZZI (ed.), *El mosaico de la misericordia*, Sal Terrae, Santander 1989, 43.

[9] M. CEPEDA, *En torno a una ética de la escucha*, Universidad Nacional de Colombia, Bogotá 2012, 157.

[10] FRANCISCO, *Mensaje del Santo Padre Francisco para la 56 Jornada Mundial de las Comunicaciones Sociales*, 24 de febrero de 2022.

La escucha es la madre de la democracia. La escucha mutua es la madre del diálogo y del posible encuentro, también transformador. Los parlamentos han de ser templos de la escucha. Y donde fracasa la palabra se abre paso la violencia.

Qué lástima que muchos demócratas, como también muchos creyentes, al oír a los parlamentarios o al frecuentar las iglesias, coincidan en avergonzarse; y refieren no solo que se aburren («Me aburro en misa»), sino que se desmotivan en la dimensión político-social de ser ciudadano y en la dimensión celebrativa y comunitaria de ser creyente. Las palabras y la Palabra, en ocasiones, más que usada para encontrarse, escuchada y comentada, es descalificadora, manida y maltratada y maltratadora.

En el sínodo de 2023 se proponía una escucha que, en ocasiones, ha de contemplar el «ayuno de la palabra pública»[11]. Escuchar y comprender es la esencia del camino sinodal.

## Teología del fango

Todos necesitamos ser escuchados. No solo «ellos». Decía Carl Gustav Jung que le sorprendía que, entre tantos discursos sobre la parábola del Buen Samaritano, aún no se había profundizado suficientemente sobre las implicaciones de identificarse con el herido. Decía él que los cristianos tenemos dificultad para ver a Cristo en nosotros mismos, aunque predicamos abundantemente

---

[11] Francisco, *Apertura de la primera Congregación General del Sínodo*, 4 de octubre de 2023.

exhortando a verlo en los demás, en la debilidad y en el que sufre. Hemos desarrollado más abundantemente una «teología del mármol», incluso para subrayar la necesaria «teología del fango», pero evocando siempre la acción hacia los receptores, los otros. Más difícil es mirarnos a nosotros mismos como narradores de nuestro sufrimiento, necesitados de escucha, en este tiempo nuestro, en que vivimos la fragilidad, el envejecimiento, la proximidad de la muerte individual (y de la colectiva como consagrados). Nos cuesta narrar la fragilidad.

No ser escuchado es un drama: necesitamos angustiosamente liberarnos. «La soledad es la experiencia de no ser escuchado, es la constatación de que nadie desea prestar sus oídos a lo que digo, es la ausencia de un tú amoroso de una oreja cálida. Es el aterrizaje en un mundo sin alma, donde cada uno va a su aire, buscando su propia satisfacción»[12].

El «*visuocentrismo*»[13] o la tiranía de lo visual ha demarcado un modo de pensar, de reaccionar y de explorar el mundo, pero no nos exime de sentir necesidad de escucha. Sin embargo, en la experiencia del sufrir –universal, aunque en ocasiones nos cueste reconocerla–, estamos llamados a liberarnos y salir y narrarnos para liberarnos y desahogarnos de los malestares que nos habitan.

---

[12] F. Torralba, *El arte de saber escuchar*, Milenio, Lleida 2014, 159.

[13] R. J. De Sousa Coelho, *O meu ponto de vista é un ponto de escuta*, Instituto de Ciências Sociais Universidade do Minho, Braga 2015.

Pensamos en la escucha dura del sufrimiento, no en la escucha del sonido *docilizado* de la música o de la poesía... En esa escucha, nos liberamos, nos sanamos, nombramos la cara oscura y buscamos un *médium* que ayude a conectar con nuestros antepasados de la conciencia... en el recuerdo.

Es vital desahogarse, poner sentido al vivir oscuro del recuerdo de los traumas y nombrar lo que nos acecha en el presente. Es vital nombrar, porque nos empodera, nos rescata de una identidad erosionada por la dependencia y las crisis del envejecimiento. Nos hacemos y nos rehacemos en la narración de la crisis, en la relación en la que nos autoafirmamos a pesar de la fragilidad y la pobreza, que comienza por los imperativos de los límites biológicos y sus consecuencias.

El ser humano no solo se narra en sus heroicidades, en sus éxitos empresariales, en sus números crecientes y en su expansión intercontinental, a través de los siglos. Se narra también, y es también, la fragilidad.

Circula en redes la frase popular atribuida a Gabriel García Márquez con la que alertaba sobre con quién nos desahogamos en este aspecto: «Ten cuidado con quién te desahogas. Solo a algunas personas les importas. El resto, solo tienen curiosidad».

Escuchar es una forma de conocer. *Šemá* Israel consistía originalmente en un único verso que aparece en el quinto y último libro de la Torá, el libro del Deuteronomio (Dt 6,4), que dice: «Escucha, Israel: el Señor es nuestro Dios, el Señor es uno solo. Amarás, pues, al Señor, tu Dios con toda tu alma y todas tus fuerzas».

*Šemá* Israel es el nombre de una de las principales plegarias de la religión judía. Su nombre retoma las dos primeras palabras de la oración en cuestión, siendo esta, a su vez, la plegaria más sagrada del judaísmo.

Pero escuchar es más que oír, mucho más. Tiene verbos hermanos, que refuerzan su poder de acogida: callar y mirar. Decía Calderón de la Barca: «Cuando tan torpe la razón se halla, mejor habla, señor, quien mejor calla». Es un ejercicio espiritual el de hacer silencio y utilizarlo en clave de atención; mirar y recoger los significados que contiene el mensaje que el otro comunica en el encuentro, pero que no siempre encierra en la estrechez de las palabras.

Carlos Alemany, en un texto titulado «El difícil arte de escuchar»[14], refiere cómo la sabiduría actual nos aconseja poner la mente allí donde está el cuerpo. Sin embargo, sabemos lo difícil que nos resulta hacerlo habitualmente. De ahí el perpetuo estado de disociación mente / cuerpo en que vivimos. Según él, como he citado en varios lugares, está comprobado que una persona es capaz de acoger y comprender los mensajes verbales de otra a una media de 600 palabras por minuto. Sin embargo, la media de una conversación normal es de 100 a 140 palabras por minuto. La conclusión es obvia: mientras el otro habla, ya sea en una conversación privada, en una conferencia o dando una clase, tenemos bastante «tiempo libre mental». ¿En qué solemos ocupar

---

[14] C. ALEMANY, «El difícil arte de escuchar: Un arte complejo», en Vv. AA., *14 aprendizajes vitales*, Desclée de Brouwer, Bilbao 1998.

este «tiempo libre»? En ir y venir a otros pensamientos, hacer planes, acordarnos de asuntos pendientes, etc. Y, aun cuando estemos escuchando con interés, motivación, etc., muy fácilmente usamos este tiempo para pensar en la respuesta que le vamos a dar, en la pregunta que le tenemos que hacer o en las asociaciones experienciales que vamos a comunicar en cuanto nos sea posible meter baza...

Es impresionante, como nos dice la experiencia, el poder que tiene la mirada en la comunicación interpersonal[15]. Al escuchar, no solo rescatamos muchos mensajes que nos vienen a través de la comunicación no verbal, mediante la mirada. Además, la mirada nos da la posibilidad de perspectiva, de hacer *zoom* con la atención, alejando y atrayendo el objeto narrado, las claves de valor de la historia presentada en el diálogo. La mirada de cerca, la mirada «de gallina», da una perspectiva complementaria a la mirada de lejos, a la mirada «de águila». Manuel Marroquín ha insistido en esta misma línea, encuadrando la escucha activa como una destreza imprescindible en cualquier tipo de relación de ayuda[16].

Escuchar, en efecto, tiene también el desafío de acoger *lo que el otro calla*, sabiendo que ahí está también

---

[15] J. C. Bermejo, *La escucha que sana. Diálogo en el sufrimiento*, San Pablo, Madrid 2002.

[16] M. Marroquín, «La escucha activa», en Vv. Aa., *Incomunicación y conflicto social*, Asetes, Madrid 1984, 251-315. Cf. también, del mismo autor, «La escucha activa como instrumento terapéutico en la relación de ayuda psicológica»: *Revista de Psiquiatría y Psicología humanista* 27-28 (1989), 74-82.

la historia de vida de una persona[17]. No es infrecuente que lo que el otro calla nos llegue, al menos en parte, en forma de lágrimas. Y también llorar sirve como expresión pública (no solo privada) del padecimiento. Llorar descubre la aflicción interna, pero también puede convertirse en clamor, protesta, crítica o resistencia[18].

Los verbos hermanos se hacen más relevantes por el hecho de constatar que «en el presente es donde está sucediendo todo», puesto que sobre el pasado solo se puede intervenir en el recuerdo, que es el presente del pasado; y el futuro aún no llegó y lo vamos a condicionar con el presente. Y de aquí la importancia de la presencia plena. El presente se hace un *sacramental*, evocando la memoria del pasado y la proyección del futuro.

## Hospitalidad lingüística

Hoy somos conscientes también del poder de la «hospitalidad narrativa», como «un intento de *decir-me* en el lenguaje del otro y decir al otro en mi lenguaje, y al mismo tiempo esperar que ese esfuerzo también sea hecho por el otro. Se trata, pues, de un cosmopolitismo narrativo, donde los encuentros no se dan en ninguna parte, sino en espacios de reconocimiento constituidos en el intercambio de narrativas»[19].

---

[17] I. Escudero, *Escuchar: un acto sagrado*, en https://loyol. ink/au4f8

[18] J. Laguna J., *Para qué sirve llorar*, Cuadernos Cristianisme i Justícia, n. 230, Barcelona 2022.

[19] T. D. Moratalla, L. Feito, *Bioética narrativa*, Guillermo Escolar, Madrid 2013, 166.

Escuchar es una forma de practicar la hospitalidad entre las personas. Ricoeur hablaba de la «hospitalidad lingüística», recogiendo también la acogida de la traducción como expresión de pluralidad de las culturas y la unidad de la humanidad[20].

Hoy es más el tiempo de narrarse como vulnerables, de ser escuchados al borde del camino y esperar que alguien nos hospede con competencia narrativa. La competencia narrativa sería ese «conjunto de habilidades que se requieren para reconocer, absorber, interpretar y conmoverse con las historias que uno escucha o lee»[21].

Nos decía el papa Francisco que «solo prestando atención a quién escuchamos, qué escuchamos y cómo escuchamos podemos crecer en el arte de comunicar, cuyo centro no es una teoría o una técnica, sino la "capacidad del corazón que hace posible la proximidad" (*Evangelii gaudium*, 171)»[22].

En efecto, escuchar es un arte difícil. Hay motivo para sorprenderse de que alguna vez la escucha tenga realmente lugar. Una escucha auténtica presupone haber pasado de alguna forma a través del desierto, asumiendo la distancia infinita que separa a una persona de otra. Más aún, la escucha tiene lugar en el desierto, porque tal

---

[20] P. Ricoeur, *Sobre la traducción*, Paidós, Buenos Aires 2005.

[21] R. Charon, «Narrative and Medicine»: *New England Journal of Meddicine* 350/9 (2004), 862.

[22] Francisco, *Mensaje del Santo Padre Francisco para la 56 Jornada Mundial de las Comunicaciones Sociales*, 24 de febrero de 2022.

distancia no será nunca abolida, a pesar de todo posible relámpago de reciprocidad de las conciencias. La escucha plena revela su lado benéfico no solo para el que es escuchado, sino también para el agente que lo ejerce. Escuchando al otro, él se abre a la propia realidad humana en plenitud, incluida su inevitable parte de sombra[23].

Escuchar no es fácil, decía el papa Francisco. Escuchar nunca es fácil. A veces es más cómodo fingir ser sordos. Escuchar significa prestar atención, tener deseo de comprender, de valorar, respetar, custodiar la palabra del otro. En la escucha se origina una especie de martirio, un sacrificio de sí mismo en el que se renueva el gesto realizado por Moisés ante la zarza ardiente: quitarse las sandalias en el «terreno sagrado» del encuentro con el otro que me habla (cf. Ex 3,5). Saber escuchar es una gracia inmensa, es un don que se ha de pedir para poder después ejercitarse practicándolo[24].

La escucha es ciertamente una de las formas más eficaces de respeto. Su importancia es subrayada por cualquier escuela psicológica, además de por la común reacción de la gente. Piedra angular sobre la que se basan todas las respuestas generadoras de ayuda, la escucha es una de las «caricias positivas» más apreciadas por la gente. En efecto, cuando uno se siente escuchado,

---

[23] S. Spinsanti, «L'ascolto nella pratica sanitaria: gli interrogativi fondamentali», in Vv. Aa., *L'ascolto che guarisce*, Cittadella, Assisi 1989, 24-25.

[24] Francisco, *Comunicación y misericordia: un encuentro fecundo, Mensaje del papa para la 50 Jornada Mundial de las Comunicaciones Sociales*, 24 de enero de 2016.

tiene la cálida percepción de tener valor a los ojos del interlocutor[25].

El arte de escuchar comporta, por otro lado, el riesgo de la interpretación. En varios lugares he podido escribir sobre la interpretación en la comunicación de relación de ayuda y sobre sus límites y riesgos[26]. Pero la interpretación y el diagnóstico son necesarias como hipótesis en relación de ayuda[27]. Al escuchar, también hacemos constructos mentales y emocionales en nosotros mismos, que tienen posibilidad de permitir comprender lo que al otro le está pasando realmente.

Pero hablamos de «escucha activa». En el encuentro humano, en el que nos hacemos, porque somos relación y somos en relación, no hay verdadera escucha si no es activa. La comunicación pide una «demostración» de comprensión (reformulación) y una respuesta que promueva también la capacidad de comprenderse a sí mismo y la autoayuda.

---

[25] A. Brusco, «Saber escuchar», in Vv. Aa., *Comprender y ayudar al enfermo*, Selare, Bogotá 1991, 177. El término «caricia» es propio del Análisis Transaccional. Significa la satisfacción de la necesidad de ser reconocido y estimado. Son «estímulos sociales dirigidos de un ser vivo a otro, que reconocen la existencia de este». Cfr. R. Kertész, *Análisis Transaccional Integrado*, Ippem, Buenos Aires 1985, 227. Puede distinguirse entre caricias positivas y negativas. Las caricias positivas reconocen los aspectos valiosos de la otra persona y correspondientemente aumentan la autoestima, mientras que las negativas reconocen la existencia del otro, pero en sus aspectos menos gratificantes para ella.

[26] J. C. Bermejo, *Introducción al counselling*, Sal Terrae, Santander 2010.

[27] R. Muchielli, *Apprendere il counselling. Manuale pratico di autoformazione al colloquio d'aiuto*, Erikson, Trento 1988, 11.

Ir al compás del alma y del corazón del otro, es generar alto grado de intimidad. Y en ella, ser capaz de superar las tentaciones del directivismo y caminar en el respeto entre la autonomía y la confrontación. Por eso Jesús pide a sus discípulos también que verifiquen la calidad de su escucha: «Mirad, pues, cómo oís» (Lc 8,18)»[28].

La escucha sana porque libera de malestares, permite poner sentido mientras narramos, desahoga, libera endorfinas, distiende músculos… En la estación de la enfermedad, en el tiempo del sufrimiento, en parte en la vejez, en la experiencia de la soledad, en el morir y en el duelo, la escucha es medicina[29]. *Escuchar el llanto*, que diría Garcilaso De La Vega, y «… escuchar los latidos de tu corazón inquieto [...] diera, alma mía, cuanto poseo, ¡la luz, el aire y el pensamiento!», escribía Gustavo Adolfo Bécquer. Como también el salmista encuentra confianza en el desahogo: «El afligido invocó al Señor, él lo escuchó y lo liberó de sus angustias» (Sal 33,7).

También la escucha sana porque aumenta la *adherencia*: «El paciente que se siente escuchado en el primer encuentro con el médico tiene más posibilidades de responder favorablemente al tratamiento. Por tanto, el médico tiene el poder de influir en el estado del paciente y su recuperación –al menos hasta un punto–, por eso es esencial que escuche al paciente y

---

[28] Francisco, *Mensaje del Santo Padre Francisco para la 56 Jornada Mundial de las Comunicaciones Sociales*, 24 de febrero de 2022.

[29] J. C. Bermejo, *La escucha que sana*, San Pablo, Madrid 2002.

que genere una atmósfera de confianza en la entrevista. El manejo de este poder es, así, una responsabilidad ética del profesional»[30].

Hace mucho bien la narración del sufrimiento. Quien sufre, con frecuencia se consuela al ser escuchado y es cierto que el sufrimiento mudo es más cruel. La narrativa tiene un elemento sanador. «La medicina narrativa enfatiza notablemente las virtudes "terapéuticas" de la narración en el encuentro clínico. Parece claro que los pacientes se sienten mejor cuando pueden comprender lo que les ocurre, cuál es la naturaleza de su enfermedad y qué pueden esperar. Cuando la enfermedad es un misterio amenazante e incomprensible, que no puede ser comprendido, el paciente siente que no puede tener ninguna forma de control o dominio sobre su padecimiento, lo que añade sufrimiento a su situación. El "poder hacerse cargo" de lo que a uno le ocurre se convierte así en un elemento, si no de curación, al menos sí de ayuda para enfrentarse a la enfermedad, luchar contra ella y, en su caso, asumir lo que se nos impone»[31].

Contando historias nos contamos a nosotros mismos, ponemos orden y nos empoderamos en medio de la adversidad. Por las narraciones nos aclaramos de una vida compleja. «La escucha verdadera de la historia del paciente [que Kleinman llama "atestiguación empática"] es un acto moral y terapéutico»[32].

---

[30] T. D. MORATALLA, L. FEITO, *Bioética narrativa*, *op. cit.*, 107.
[31] *Ibid.*, 105.
[32] A. KLEINMAN, *The illness narratives. Suffering, healing, and the human condition*, Basic Books, New York 1988.

Es la escucha la que ayuda en el proceso de discernimiento: escucha a uno mismo, escucha a los demás, escucha deliberativa, escucha a Dios. Por otro lado, «la narrativa es un laboratorio del juicio moral», decía Paul Ricoeur[33].

## La utilidad de la escucha en el sufrir

La experiencia nos dice que la escucha cumple diferentes funciones en las relaciones de ayuda. La escucha que valida, que reconoce sin juzgar, sin prejuicios ni sesgos, cumple una función inclusiva, integradora, sale al paso de los riesgos de sentimiento de exclusión, soledad, abandono, desamparo.

Pero, también, la escucha que personaliza logra empoderar al otro, en tanto que devuelve la comprensión de los significados, de los sentimientos. Devuelve la conciencia de dónde está el otro en relación a dónde quiere estar, dónde está en relación a lo que le pasa, a la vez que aumenta la conciencia de lo que la persona hace ante lo que le sucede. Mucho del malestar y sufrimiento de una persona está en línea con lo que logra hacer con aquello que le llega, que no depende de él. Es la clave de la logoterapia de Frankl: *qué hago con lo que no puedo cambiar.* Y la escucha cumple esta función, la de entregar al otro su realidad, invitándolo a ser dueño, en todo caso, de ella.

Ahora bien, la escucha es también el camino para regalar confrontación, corrección fraterna. Solo el que

---

[33] T. D. MORATALLA, *Bioética y cine. De la narración a la deliberación*, San Pablo, Madrid 2010, 105.

acoge los significados que la realidad tiene para el otro, tiene autoridad para hacerle ver las eventuales contradicciones, cortinas de humo, actitudes pasivas o incongruentes, que no ayudan a vivir realizados, felices, solidarios.

Es oportuno explorar el camino de la persuasión en las relaciones de ayuda. En ellas también nos hacemos, somos. No solo somos lo que podemos realizar autónomamente, con nuestra escala de valores. Porque somos relación, nos influimos con la palabra, con el poder persuasor de la palabra, que tendrá su licitud ética cuando no sea manipuladora ni coercitiva, sino que se ofrezca por la autoridad de los valores en los que se asienta y en la atracción del bien y la verdad.

Podemos decir que «aprender a escuchar al ser interior es tan importante como aprender a escuchar a los demás. Los intereses propios o prejuicios interfieren con la capacidad de escuchar cuidadosamente y con mente abierta, disminuyendo la capacidad para la empatía»[34].

Como dice Esquirol, «quien escucha de verdad hace mucho bien al otro. En el escuchar está el fundamento de la comunidad. ¿Y no está aquí el fundamento de toda comunidad?»[35]. La escucha nos genera ese espacio de proximidad en el que la pluralidad es base de comunidad y apertura a la trascendencia, al descubrirnos también en la intemperie, en el descubierto, sin protección,

---

[34] A. Ciaramicoli y K. Ketcham, *El poder de la empatía*, Vergara, Buenos Aires 2000, 104.

[35] J. M. Esquirol, *Cultivar lo más humano del humano*, en: https://loyol.ink/alqtx

si no es con el cuidado del otro, la escucha del otro, la protección del otro.

Existen técnicas para favorecer efectivamente la escucha activa. La verdadera escucha es la que hace el oído del corazón, la que acoge al corazón que habla. El corazón habla y escucha. Y lo hace a través de su campo magnético, que es 5000 veces más intenso que el del cerebro. Cuando habla transmite su estado de ánimo, pues si, por ejemplo, se encuentra alterado, entra en un ritmo caótico que se propaga alrededor de todo el cuerpo.

Para los griegos, y también en la sabiduría bíblica, el corazón era el centro de la vida inteligente y moral, donde se fraguan los planes y donde se guardan las cosas más íntimas (Lc 9,47). Del corazón brotan las actitudes, los sentimientos, los valores que mueven la vida de cada uno.

El papa Francisco dice, sobre la escucha del corazón: «Todos tenemos oídos, pero muchas veces incluso quien tiene un oído perfecto no consigue escuchar a los demás. Existe realmente una sordera interior peor que la sordera física. La escucha, en efecto, no tiene que ver solamente con el sentido del oído, sino con toda la persona. La verdadera sede de la escucha es el corazón. El rey Salomón, a pesar de ser muy joven, demostró sabiduría porque pidió al Señor que le concediera "un corazón capaz de escuchar", "atento para juzgar y discernir entre el bien y el mal" (1 Re 3,9)»[36].

---

[36] FRANCISCO, *Mensaje del Santo Padre Francisco para la 56 Jornada Mundial de las Comunicaciones Sociales,* 24 de febrero de 2022.

En otra ocasión, Francisco afirmaba: «Atrapados en nuestras prisas, con mil cosas que decir y hacer, no encontramos tiempo para detenernos a escuchar a quien nos habla. Corremos el riesgo de volvernos impermeables a todo y de no dar cabida a quienes necesitan ser escuchados: pienso en los niños, en los jóvenes, en los ancianos, en muchos que no necesitan tanto palabras y sermones, sino ser escuchados [...]. El renacimiento de un diálogo a menudo no viene de las palabras, sino del silencio, del no obcecarse, de volver a empezar con paciencia a escuchar a la otra persona, sus afanes, lo que lleva dentro. La curación del corazón comienza con la escucha»[37].

## A escuchar, se aprende

Oír no es lo mismo que escuchar. Podemos oír, si no estamos sordos. Otra cosa es escuchar. A escuchar, se aprende. Es un proceso de entrenamiento y supervisión, sobre todo para las escuchas que pretendan tener una valencia terapéutica para los demás. Entrenarse y dejarse supervisar en la intervención de relación de ayuda representa un deber ético de quienes quieran ejercer el arte de escuchar en clave profesional.

Motivaciones, sesgos, contratransferencias, evocaciones de los propios problemas fruto del eco de la empatía, heridas no resueltas, dificultades vinculares, sentimientos intensos limitantes, áreas desconocidas por el ayudante a nivel legal, psicológico, ético, cultural, *burnout*... son

---

[37] FRANCISCO, *Ángelus*, 5 de septiembre de 2021.

algunas cuestiones a despachar entre supervisor y aprendiz de escucha.

En las últimas décadas, algunas asociaciones de *counselling*, efectivamente, contemplan la acreditación de los distintos niveles de competencia en estas lides. La supervisión ha de ayudar al ayudante a integrar su vida personal con sus conocimientos y su práctica[38]. No solo es objeto de atención el mundo de las técnicas utilizadas, sino también el impacto de los problemas sobre el ayudante, la madurez en la gestión de las propias dificultades, el reconocimiento del influjo de la herida o sombra sobre la relación, la dimensión ética, la libertad o codependencia, la honradez sostenida en las motivaciones y la solidez de los valores actualizados en la relación.

Que para aprender a escuchar se requiere un proceso y un trabajo de fondo, lo describimos particularmente en este cuento:

*Un discípulo, antes de ser reconocido como tal por su maestro, fue enviado a la montaña para aprender a escuchar la naturaleza.*

*Al cabo de un tiempo, volvió para dar cuenta al maestro de lo que había percibido.*

*–He oído el piar de los pájaros, el aullido del perro, el ruido del trueno...*

*–No –le dijo el maestro–, vuelve otra vez a la montaña. Aún no estás preparado.*

---

[38] J. C. Bermejo, R. M.ª Belda., *Supervisión y counselling*, Desclée De Brouwer, Bilbao 2025.

*Por segunda vez dio cuenta al maestro:*
*—He oído el ruido de las hojas al ser mecidas por el viento, el cantar del agua en el río, el lamento de una cría sola en el nido.*
*—No —le dijo de nuevo el maestro—. Aún no. Vuelve de nuevo a la naturaleza y escúchala.*
*Por fin, un día...*
*—He oído el bullir de la vida que irradiaba del sol, el quejido de las hojas al ser holladas, el latido de la savia que ascendía en el tallo, el temblor de los pétalos al abrirse acariciados por la luz.*
*—Ahora sí. Ven, porque has escuchado lo que no se oye.*

Es un trabajo de fondo, de acogida de lo que nos llega por todos los sentidos.

Ahora bien, es sabido que la mayor parte del poder de una comunicación interpersonal está en el lenguaje no verbal. Por eso, uno de los desafíos para la escucha radica en el manejo del silencio intrapsíquico, en la posibilidad que tenemos de acoger los mensajes que el otro nos comunica, pero no verbalmente.

Un interesante texto aparecido aquí y allá, varias veces citado por mi parte, entresacado de literaturas sobre relación de ayuda y *counselling*[39], traducido por Arnaldo Pangrazzi del inglés, resulta particularmente sugerente para reflexionar sobre la envergadura de la escucha y

---

[39] J. C. Bermejo, A. Martínez, *Relación de ayuda, acción social y marginación*, Sal Terrae, Santander 1998, 83ss.

la necesidad de hacer un esfuerzo de hospitalidad de la naturaleza humana herida. Dice así:

«No te dejes engañar por mí.
No te engañen mis apariencias.
Porque son solo una máscara,
tal vez mil máscaras, que me da miedo quitarme,
aunque ninguna de ellas me represente.

Aparento sentirme seguro,
que todo va de maravilla, tanto dentro como fuera;
aparento ser la confianza personificada,
poseer la calma como una segunda naturaleza,
controlar la situación
y no necesitar de nadie.

Pero no me creas, te lo ruego.
Exteriormente puedo aparecer tranquilo;
sin embargo, lo que ves es una máscara.
Debajo, escondido, está mi verdadero yo
en la confusión, en el miedo, en la soledad.

Pero lo escondo.
No quiero que nadie lo sepa.
Me invade el pánico
ante el solo pensamiento de mostrarlo.

Por eso necesito constantemente
crear una máscara que me oculte,
una imagen pretenciosa que me proteja
de la mirada perspicaz.

Pero esto no te lo digo. No tengo valor para ello.
Temo que tu mirada no venga acompañada
de la aceptación, del amor.
Temo, quizá, que puedas cambiar de opinión sobre mí,
que no me tomes en serio
y que tu sonrisa acabe matándome.

Tengo miedo, en el fondo, de no valer nada,
y de que tú te des cuenta y me rechaces.
Entonces sigo con mi juego de pretensiones
desesperadas,
con apariencia de seguridad por fuera
y con un niño tembloroso por dentro.

Exhibo mi desfile de máscaras,
y dejo que mi vida se vuelva una ficción.
Te cuento todo lo que no cuenta nada
y nada de lo que en verdad es importante,
de lo que me atormenta por dentro.

Por eso, cuando descubras esta rutina,
no te dejes engañar por mis palabras:
escucha bien lo que no te digo,
lo que quisiera decir, lo que necesito decir,
pero no logro expresar.

No me gusta esconderme, te lo confieso.
Me encantaría ser espontáneo, honesto y sincero,
pero tienes que ayudarme.
Por favor, tiéndeme tu mano,
aunque parezca ser lo último que deseo.

¡No me ignores, por favor, no pases de largo!
Ten paciencia conmigo.

A veces parece que, cuanto más te acercas,
tanto más me rebelo contra tu presencia.
Es algo irracional, pero es así:
lucho contra lo que necesito.
¡Así es a menudo el ser humano!

Pero el amor es más fuerte que toda resistencia,
y esta es mi esperanza.
Mi única esperanza.

Ayúdame a derribar estas barreras
con tus manos fuertes,
a la vez que delicadas,
porque un niño es siempre algo muy frágil.
¿Quién soy yo, te preguntas?
Soy alguien a quien conoces muy bien.
Soy cada persona que encuentras.
Soy tú mismo.

En efecto, escuchar lo que no se oye, escucharse a
sí mismo y, en el fondo, conocerse e integrar la propia
«sombra», en términos junguianos, constituye un desafío
para la verdadera escucha al corazón del otro, especialmente en el tiempo del sufrir, del depender y, tanto más,
del morir.

## La narrativa del enfermo hace eco

Escuchar de verdad, particularmente escuchar a la persona que sufre, en el tiempo del enfermar, en el sufrir y el morir, tiene un precio. Un precio emocional. Probablemente no se le ha dado aún suficiente importancia al impacto del sufrimiento humano sobre el que lo acoge.

Dice Christina Maslasch[40] que, así como sería imposible estar en un bote de pepinillos sin ser influido por el sabor a pepinillos, es también imposible entrar en el mundo del sufrimiento y no quedar repercutido por él, tanto a nivel emocional como moral. No solo influye el contexto ambiental, laboral, relacional, sino el mismo hecho de moverse en la zona oscura de la vida humana, donde se percibe la fragilidad, el dolor, las consecuencias del mal, la gestión difícil de los recuerdos...

Quienes se dedican abundantemente a escuchar en el mundo del sufrimiento, pueden sufrir el riesgo de quemarse, por lo que hablamos del riesgo de padecer el síndrome del *burnout*[41]. No han faltado autores, como Danesi y Mariani, que han hipotizado este riesgo como mecanismo de defensa, más que como punto de llegada de quien escucha y absorbe mucho sufrimiento[42].

---

[40] C. MASLACH, *La sindrome del burnout. Il prezzo dell'aiuto agli altri*, Cittadella, Assisi 1992, 35.

[41] L. SANDRIN, *Ayudar sin quemarse*, San Pablo, Madrid 2005.

[42] M. DANSI y F. MARIANI, «La "sindrome del burnout" fra gli operatori dei servizi per le tossicodipendenze», en AA. Vv., *L'operatore cortociuitato. Strumenti per la rivelazione del burnout fra gli operatori sociali italiani*, Clup, Milano 1987.

En la sana regulación de la implicación emocional con la persona que sufre, nos jugamos mucho del necesario equilibrio en la escucha, para que la afectación del sufrimiento ajeno no genere el desgaste patológico en las relaciones de ayuda. Es interesante la descripción de la actitud empática por quienes la piensan en términos de proceso: de identificación con la persona del otro y su situación, en primer lugar; de gestión de la repercusión que tiene sobre el que escucha, en segundo lugar; y de habilidad para separarse y restablecer la sana distancia psico-afectiva, en tercer lugar[43].

Pero si el riesgo del *burnout* es importante, es de más interés el concepto de «fatiga por compasión», que tiene su origen en Charles Figley, que se alterna con el de «síndrome de desgaste por empatía». Se trata del desgaste emocional (no *burnout*), el precio que se paga inevitablemente por la implicación[44]. Ignorar este precio, puede ser un inconveniente para la necesidad de equiparse en clave de prevención, adquiriendo las debidas competencias blandas.

Quien escucha, particularmente en el tiempo del sufrimiento, tiene también que pagar un precio en el eco de uno mismo, de quien escucha. La propia vulnerabilidad del que acoge, la propia fragilidad, en términos de historia de traumas personales, de límites de la

---

[43] R. Katz, *Empathy, its nature and uses*, The Free Press of Glencoe, Londres 1963.

[44] C. Figley, *Compassion Fatigue. Coping With Secondary Traumatic Stress Disorder In Those Who Treat The Traumatized*. Taylor & Francis, London 1995.

personalidad, de cuestiones morales, o el hecho de estar viviendo situaciones semejantes –personal, familiar, comunitariamente– son interpeladas en la escucha.

Una voz interna hace ruido en la herida del sanador. Es viejo el arquetipo del sanador herido, de la mitología, que ha seguido su curso en la cultura judía, encarnándose en la figura del Siervo de Yahvé (Is 53,5), y en Carl Jung como clave de comprensión y desafío para la gestión de la fragilidad de quien escucha a otros[45].

El poder humanizador de la imagen del sanador herido radica en el hecho de que constituye un ejercicio de humildad y de aprendizaje que los profesionales del cuidado pueden realizar, a partir del reconocimiento de la propia humanidad, hecha no solo de recursos –conocimientos, habilidades, destrezas, roles…–, sino también de fragilidades de toda índole que, bien utilizadas, pueden, precisamente, transformar a los profesionales en mejores personas. Sí, más humanas porque más dueñas de su pensar, de su decir, de su hacer, más utilizadoras del potencial entrañable que nace precisamente de la propia fragilidad[46].

Efectivamente, el que escucha al otro se escucha a sí mismo, porque se identifica involuntariamente y encuentra un espejo de la interioridad. También el servicio como líderes católicos, el manejo de la propia fragilidad representa un desafío. Henri Nouwen se preguntó

---

[45] A. Brusco, «El sanador herido», en: J. C. Bermejo, F. Álvarez, *Diccionario de bioética y pastoral de la salud, op. cit.*

[46] J. C. Bermejo, *El sanador herido. Humanizar las relaciones de ayuda*, Desclée De Brouwer, Bilbao 2022.

por ello, contribuyendo, en parte, a popularizar la metáfora del sanador herido[47]. Por eso, «la primera escucha que hay que redescubrir cuando se busca una comunicación verdadera es la escucha de sí mismo, de las propias exigencias más verdaderas, aquellas que están inscritas en lo íntimo de toda persona»[48].

## 3. Empalabrar el *sufriculum*

El valor de la escucha a quien vive la estación otoñal del sufrimiento es indudable. Su poder terapéutico la ennoblece y convierte en un servicio de primer orden. Pero, antes o después, en el encuentro y en la relación en la que nos hacemos los seres humanos, es llamada en causa la palabra.

Algunas palabras nobles tienen particular densidad, como: *hola, gracias, perdón, adiós, por favor*… Determinan mucho de la salud de las relaciones. Pero hay también palabras que buscan ser consuelo eficaz. Freud dijo: «La ciencia médica no ha inventado todavía una medicina tan eficaz como pocas palabras amorosas». Y es que, la palabra es bálsamo, embelesa, calma, hace olvidar o recordar, insufla ánimo, genera sentimientos, con ella se gobierna… La palabra crea, hace ser…

Pues bien, una de las virtualidades de la escucha activa a la persona que sufre es el poder que tiene empalabrar

---

[47] H. J. M. Nouwen, *El sanador herido*, PPC, Madrid 2004.

[48] Francisco, *Mensaje del Santo Padre Francisco para la 56 Jornada Mundial de las Comunicaciones Sociales*, 24 de febrero de 2022.

el *sufriculum*. Es decir, hace mucho bien poner palabras y ordenar el sufrir del ayudado. Empodera, libera, pone sentido, activa el compromiso para que *con lo que pasa, el ayudado haga que pase lo que él desea que pase, y deba pasar.*

Las palabras tienen el poder de elevar y hundir, construir y destruir. Con ellas se mueven los sentimientos, los corazones, las voluntades. Se pueden usar para formar o deformar, para informar, manipular o coaccionar. Las palabras refuerzan y hacen sentir al otro fuerte o aumentan la fragilidad y el sentimiento de vulnerabilidad. Las palabras acercan a las personas construyendo puentes o alejan construyendo muros y abismos. Las palabras pueden ser un canto que embelesa y estimula el corazón o pueden provocar consecuencias devastadoras o acciones terapéuticas.

Los antiguos griegos sienten y observan que hablar bien es, a la vez, saber y poder, hasta el punto que el «bienhablante» es equiparable a ser un hombre con poderes mágicos. De ahí que *Peithõ* –la persuasión– fue acompañante de *Éros* en su sentido de eficacia psicológica y social de la palabra. Se considera a la palabra como antítesis de *Anánkē*, la fuerza.

La palabra es una realidad viva y poderosa, y más cortante que cualquier espada de dos filos. Puede penetrar hasta lo más profundo del alma y del espíritu, hasta la médula de los huesos, y juzgar los pensamientos y las intenciones del corazón (Heb 4,2). Con la palabra se puede enseñar, reprender, corregir… para hacer buenas obras (2 Tim 4,16-17). Pero también se puede traicionar con la palabra, chismorrear con la palabra, humillar con la palabra, dividir con la palabra…

Para que la palabra dé fruto no hay que contentarse solo con purificar la motivación de quien la usa, pronunciarla en el momento adecuado, dar con la más oportuna para aliviar, engrasar, confrontar…, sino también hay que escucharla, acariciarla con respeto. A la palabra hay que acogerla con disposición a dejar que se haga fecunda. (Sant 1,22)

«Saber escuchar –dice Josep Maria Esquirol– es dejarse tocar. Y solo podemos hablar de veras porque hemos escuchado. La palabra que llega entra tanto por el oído como por la porosidad de la piel. La palabra que llega y te toca no te hace callar; no te condena al mutismo, sino al contrario, te hace responsable; es decir, pide que respondas»[49].

En la Sagrada Escritura encontramos sentencias tan profundas como estas, sobre la palabra y su poder: «Afilan sus lenguas como serpientes, con veneno de víboras en los labios» (Sal 139,4). «En su boca no hay sinceridad, su corazón es perverso, mientras alagan con la lengua» (Sal 5,10). «Guarda tu lengua del mal, tus labios de la falsedad» (Sal 33,12). «Lámpara es tu palabra para mis pasos, luz en mi sendero» (Sal 119,105). «Una palabra tuya, bastará para sanarme» (Mt 8,5). «Muchas palabras no salgan de vuestra boca; lo que digáis sea bueno, constructivo y oportuno; así hará bien a los que lo oyen»

---

[49] J. M. Esquirol, *Cultivar lo más humano del humano*, en https://loyol.ink/alqtx

(Ef 4,29). «La palabra (de Dios) es viva y eficaz, y más tajante que espada de doble filo; penetra hasta el punto donde se dividen alma y espíritu, coyunturas y tuétanos, juzga los deseos e intenciones del corazón» (Heb 4,12). Sed hacedores de la palabra, «poned en práctica la palabra y no os contentéis con oírla, engañándoos a vosotros mismos» (Sant 1,22).

El mismo evangelista Juan comienza su prólogo con estas densísimas palabras: «En el principio existía la Palabra (el Verbo), y la Palabra estaba junto a Dios, y la Palabra era Dios. Al principio estaba junto a Dios. Todas las cosas fueron hechas por medio de la Palabra y sin ella no se hizo nada de todo lo que existe» (Jn 1,1).

También está disponible la escucha al Espíritu, en el creyente. El Espíritu Santo habla en el corazón y el hombre lo escucha con el corazón. Y puesto que el Espíritu reside en el corazón del ser humano, es allí donde se escuchan sus voces.

Escuchar es lo que los orientales llaman oración del corazón en el sentido más propio. Como metáfora, el corazón se asemeja a una fuente. Si esta es limpia, el cielo se refleja en ella. De modo similar en el corazón puro se reflejan los pensamientos divinos[50].

Según las Escrituras, escuchar a Dios, no significa simplemente prestarle oído a lo que dice la divinidad, sino acoger la Palabra, abrirle el corazón, llevarla a la práctica, obrar en consecuencia, es decir, *ob-audirla*. La *ob-audiencia* (obediencia auténtica) a ella es una

---

[50] Cardenal Tomás Spidlík, SJ, *Ignacio de Loyola y la espiritualidad oriental*, Mensajero-Sal Terrae, Bilbao-Santander 2008, 84.

elección íntima, personalísima del hombre. Por eso su aceptación es encomiada por Dios: «Bienaventurados los que escuchan la palabra de Dios y la cumplen» (Lc 11,28). El afán de verdad que posee el hombre, también se sacia atendiendo la Palabra. Así, en el libro de los Proverbios, se sugiere que el conocimiento y la sabiduría se logran por la escucha: «El sabio escucha y aumenta su saber, y el prudente adquiere habilidad» (Prov 1,5).

El papa Francisco, en la homilía de la JMJ 2023, el 6 de agosto, a la luz del texto de Mateo sobre la transfiguración, improvisando, subrayó este verbo: escuchar. «En el monte, una nube luminosa cubrió a los discípulos, y esa nube desde la cual habla el Padre, ¿qué dice? "Escúchenlo" (Mt 17,5). [...] Escúchenlo. Escuchar a Jesús, todo secreto está ahí. ¿Escuchás qué te dice Jesús? "Yo no sé qué me dice". Agarrá el Evangelio y leé lo que dice Jesús y lo que dice en tu corazón. Porque él tiene palabras de vida eterna para nosotros; él revela que Dios es Padre, es amor. Él nos enseña el camino del amor, escúchalo a Jesús. Porque, por ahí nosotros, con buena voluntad emprendemos caminos que parecen ser del amor, pero en definitiva son egoísmos disfrazados de amor. Tené cuidado con los egoísmos disfrazados de amor. Escúchalo, porque él te va a decir cuál es el camino del amor. Escúchalo»[51].

Sin duda, el libro de Job es una joya sobre la escucha. Job se quejará abiertamente de los seudoconsuelos de sus amigos: «Muchas veces he oído cosas como estas; consoladores molestos sois todos vosotros. ¿Tendrán fin

---

[51] FRANCISCO, *Homilía. Jornada Mundial de la Juventud*, Lisboa, 6 de agosto de 2023.

las palabras vacías? [...]. También yo podría hablar como vosotros, si vuestra alma estuviera en lugar de la mía; yo podría hilvanar contra vosotros palabras. [...] Pero yo os alentaría con mis palabras y la consolación de mis labios apaciguaría vuestro dolor» (Job 16,3-5). Y en otro lugar: «¿Hasta cuándo me afligiréis y me acribillaréis con vuestras palabras?» (Job 19,2). Eliú le dirá: «Si tienes razones, respóndeme; habla, porque yo quiero justificarte. Y si no, escúchame tú a mí; calla, y te enseñaré sabiduría» (Job 33,32). Eliú pide también escucha, intentando buscar el sentido del sufrimiento: «Oíd, sabios, mis palabras [...] porque el oído distingue las palabras, como el paladar prueba la comida» (Job 34,2). Y también a Job, Dios, en su epifanía, le pide, tras acoger sus angustias, que le escuche. Dice Job: «Tú me dijiste: "Escucha, que quiero hablarte; respóndeme a estas preguntas". Hasta ahora solo de oídas te conocía, pero ahora te veo con mis propios ojos...» (Job 42,4-5).

En los textos bíblicos se nos dice que la fe se transmite por la palabra, pero ella obra solo si se la escucha. Así en Romanos 10,17 se explicita que «la fe nace de la audición».

Misteriosas quedan, para quien anhela que la escucha comporte la satisfacción de lo deseado o pedido, las palabras del Señor que leemos en la Carta a los Hebreos: «Cristo, en los días de su carne, a gritos y con lágrimas presentó oraciones y súplicas al que podía salvarlo de la muerte, *siendo escuchado* por su piedad filial» (Heb 5,7)[52].

---

[52]  Las citas bíblicas son de la Biblia de la Conferencia Episcopal Española.

# Quinta parte

# ESPERANZA Y SOLEDAD NO DESEADA

La primera mirada ética a la soledad la encontramos en la valoración de la antigüedad judeo-cristiana: en la primera página de la Sagrada Escritura: «No es bueno que el hombre esté solo», de donde se deriva la oportunidad de la relación: «Hagamos a otro, semejante a él, para que le ayude». Esta es mi esperanza: que no falten relaciones suficientes a los seres humanos para vivir con sentido.

He tenido oportunidad de interesarme por el tema de la soledad desde varios puntos de vista, particularmente la soledad no deseada. Fue especialmente explorada por Consuelo Santamaría y por mí en el libro *Humanizar la soledad* de 2022[1].

Volví, después de varios estudios, incluso específicamente en tiempos de pandemia, sobre el tema de la esperanza en 2022, y publiqué en Sal Terrae *Los 7 apellidos de la esperanza*[2]. El Centro San Camilo «declaró»,

---

[1]   J. C. BERMEJO, C. SANTAMARÍA, *Humanizar la soledad. Comprenderla y acompañarla*, Desclée De Brouwer, Bilbao 2021.

[2]   J. C. BERMEJO, *Los 7 apellidos de la esperanza*, Sal Terrae, Santander 2022.

con ocasión del año jubilar, el 2025 como «año de la esperanza».

En este capítulo referiré algunos cruces sobre estas dos realidades, explorándolas desde una mirada ética, es decir, desde una reflexión que busca el bien y evitar el mal: una mirada reflexiva (lo que hace la filosofía, la ética) y humanizadora.

Pienso particularmente en la soledad así llamada «no deseada», involuntaria, «sufrida», como dicen los italianos. Pienso en la soledad vinculada a la enfermedad, al envejecimiento, y al duelo. Me resulta menos espontáneo pensar en la soledad de los jóvenes.

## 1. Qué es y cómo es la esperanza

La esperanza es un dinamismo esencial de la vida humana, sin el cual nos moriríamos.

En efecto, no se puede vivir *solo y sin esperanza*. La esperanza produce apoyo recíproco, porque es siempre relacional. Si no hay una meta, en ocasiones, no se puede soportar el presente en la soledad. «Quien tiene esperanza vive de otra manera; se le ha dado una vida nueva» (Benedicto XVI, *Spe salvi*); diríamos: la compañía, el cuidado, la relación.

La esperanza se vive especialmente en las relaciones, más difícilmente en la soledad. En las relaciones, se infunde, se acompaña, se nutre. Su contenido se resignifica progresivamente. El modo privilegiado de compartir la esperanza es la narración, el empalabramiento de la experiencia del malestar. «El carácter paradójico de la esperanza se pone de relieve justamente en esa su capacidad de nacer en el lugar de la pérdida»[3]. Una esperanza que no pueda ser para todos no es esperanza; una esperanza que no abarque la totalidad del ser humano en todas sus dimensiones no será una esperanza cristiana. *También en la soledad puede haber esperanza*, a pesar de que vivamos en un momento de crisis de contenidos de la esperanza. Hay agarraderos en uno mismo, en el corazón, la memoria, en la dimensión trascendente. No es una actitud pasiva, sino operante y sanadora para reforzar el ánimo en la travesía de la adversidad.

Deseo presentar en estas páginas algunas consideraciones sobre la esperanza, para dejar que ella me habite al hablar de mis esperanzas en la soledad.

1.  La esperanza no es tal, si se queda en un dinamismo intimista o exclusivamente individual. *La esperanza es para los pueblos, para los grupos, para humanizar el mundo.* Testigos de esperanza, pues, son todos aquellos que trabajan por construir un mundo más humano apoyándose unos a otros afectiva y efectivamente, superando así la soledad.

2.  Junto con numerosos autores, considero que la esperanza es un *constitutivum* de la existencia humana, de modo que, de alguna manera, también está presente *en la soledad*, como en toda situación humana, por más desesperante

---

[3]  N. Martínez Gayol, «La pequeña esperanza...», *op. cit.*, 10.

que sea[4]. *Como el hombre no puede no pensar, de igual modo no puede no esperar.* Es, pues, perfectamente válido, tan válido y fundamental como el cartesiano, el silogismo «vivo, luego espero». Sin esperanza, la vida no sería vida, y menos en soledad.

3. Como los animales. Laín Entralgo habla de la espera humana relacionándola primero con la espera animal: estado de alerta defensiva o de depredación para sobrevivir. Esperamos para vivir.

4. Varios niveles. Resulta igualmente interesante la distinción que Laín hace entre «aguardar», «esperar» y «esperanza». Aguardar sería, para Laín, la espera de algo muy concreto y determinado (espero una visita para no estar solo). La espera, por otro lado, es «*espoir*»: el esperante aspira a «seguir siendo». Si no, en la soledad, se muere de asco. Y la esperanza como virtud teologal, que, en la soledad, en tiempos de crisis, de sufrimiento, es un dinamismo que puede sanar el modo de vivir, buscando la relación, confiando y abandonándose en los momentos más duros.

5. Según Gabriel Marcel la esperanza no es el *mero deseo (deseo de presencia para el que está solo).* El deseo tiende siempre a algo muy concreto y determinado, mientras que la esperanza genuina

---

[4] P. Laín Entralgo, *La espera y la esperanza*, Alianza, Madrid 1984.

trasciende invenciblemente los objetos particulares a que parece referirse.

6. Tampoco se reduce la esperanza al *mero optimismo*. Nada más lejos del «yo espero» que el «todo se arreglará» con que suele expresarse el optimista. El optimismo es siempre superficial. El ingenuo, en tiempos de soledad, ignora la gravedad de la situación. La esperanza se llama, sobre todo, confianza.

7. Tampoco debe ser confundida la esperanza con la *mera vitalidad*. Es compatible con el abatimiento propio de la soledad y del duelo y de los momentos de desolación propios del tiempo de soledad no deseada.

8. Esperanza, realismo y utopía no están necesariamente reñidas. Así se expresa el teólogo Leonardo Boff[5]: la utopía manifiesta el ansia permanente de renovación, regeneración y perfeccionamiento buscados por el ser humano.

9. Fue Charles Pierre Péguy (1873-1914) quien llamó a la esperanza «la niña pequeña»[6]. De ella sí que hay que sorprenderse, dice Dios, por mano de la pluma del poeta, admirándola y reconociendo su valor y significado. «Pero mi pequeña *esperanza* es la que todas las mañanas nos da los buenos días», sacándonos así de la soledad.

---

[5] L. BOFF, *Hablemos de la otra vida,* Alcance, Madrid 1978.
[6] C. PÉGUY, *El pórtico del misterio de la segunda virtud*, Encuentro, Madrid 1991.

10. La esperanza es lo último que se pierde: Pandora. Según el mito, Pandora es la primera mujer, como Eva en la religión judeocristiana. Según una tradición, Zeus entregó una caja con todos los males a Pandora. Una caja que no debía abrir. La curiosidad de Pandora la llevó a abrirla y así dejó que los males inundaran la tierra. Para cuando logró cerrar la caja, lo único que quedaba adentro era la esperanza, por lo que los humanos no la recibieron.

## 2. Mirando al futuro: ¿cuáles son mis esperanzas ante la soledad desde una mirada ética y social?

En realidad, la esperanza tiene de pasado, de presente y de futuro. Esperamos que amanezca porque tenemos memoria de que siempre ha amanecido. Miramos al futuro. Pero este mismo verbo es presente: esperamos, tenemos esperanza. El verbo no es futuro: esperaremos, tendremos esperanza, sino presente.

Así, mirada en clave de presente, no de adivinanza o proyección, yo voy a concretar algunas –diez– de mis esperanzas en relación a la soledad no deseada. Desplegaré cada una en tres y concretaré el contenido de mi esperanza:

1. Espero que la sensibilidad actual sobre la soledad no deseada dé resultados de prevención, ayuda y paliación, con compromiso de las Administraciones públicas y privadas.

a) Hemos aumentado en conciencia de la soledad no deseada. Se interesa el mercado (consumibles, inmobiliarias…), pero también las administraciones públicas, generando estudios –mapeo–, guías de recursos, planes comunitarios (lugares de encuentro, promoción del voluntariado, actividades de llamadas de teléfono, acciones de estimulación cognitiva, asociacionismo participativo).

*Mi esperanza es que se logre hacer de esto una causa sostenida, un verdadero interés político, que dé resultados también en materia de reducción de la prevalencia del suicidio. Espero que las Administraciones intervengan, no solo analicen y mapeen.*

b) Se ha activado también la respuesta de instituciones privadas. Es el caso de la Fundación La Caixa que, en el marco del programa de «Atención psicosocial a personas con enfermedades avanzadas», ha creado el programa SOLFINO, red de voluntariado para paliar la soledad al final de la vida mediante el voluntariado.

*Mi esperanza es que se multiplique el programa y que se consolide la formación y supervisión del acompañamiento, generando también conocimiento y evidencia de los resultados, en este espacio de tanta vulnerabilidad como es la soledad al final de la vida.*

c) La soledad sufrida no tiene solo una cara. Es poliédrica. Son necesarios estudios que muestren su multiplicidad de vivencias y se analice con rigor científico.

*Yo espero que no reduzcamos nuestra mirada a la soledad al tono moralizante, al colectivo de los mayores, al espacio institucional, sino que miremos con profesionalidad y rigor la variopinta realidad de la pandemia silenciosa de la soledad sufrida: jóvenes y mayores, viudos y en pareja, en domicilio e instituciones...*

2. Espero que los estudios que se están realizando (soledad y salud, ONCE) den resultados positivos para los protagonistas.

    a) El efecto negativo de la soledad no deseada sobre la salud, en términos de mayor consumo farmacológico, mayor frecuencia a atención primaria, peor salud mental, mayor riesgo de adicciones, más enfermedades… se ha calculado que alcanza el 0,51 % del PIB, equivalente a más de 6000 millones de euros anuales.

    *Mi esperanza es que ahorremos con la medicina natural de la compañía y la relación. No nos ayudan los discursos que exaltan la autonomía (Alfonso López Quintás: palabras que manipulan), sino los conceptos de interdependencia y la relacionalidad.*

    b) El precio económico de la soledad no deseada en la salud es solo un indicador de la envergadura de esta pandemia silenciosa. Hay un sufrimiento que solo se aborda mediante acompañamiento y presencia, por el camino de trabajar la cultura del sentido de la vida, que promueva los valores que permiten la autorrealización en la adversidad.

*Mi esperanza es que incidamos en la cultura, recuperando el valor de la filosofía que nos desafía a madurar en la dimensión relacional, en el comportamiento proactivo, en el comportamiento prosocial, así como nos enseña a vivir saludablemente la soledad como oportunidad de vivencia de los valores de actitud, en clave resiliente.*

c) Cabe preguntarse si el nuevo modelo residencial generará también más experiencia de soledad no deseada en los internamientos.

*Mi esperanza es que pongamos en valor la diversidad de experiencias en el mundo residencial y su potencial de generar vínculos de sentido dentro de ellas y bien insertas en la comunidad que las bendiga con la relación del entorno.*

3. Espero que sintamos el deber ético de no desesperar[7] y pensemos la esperanza no solo para nosotros, sino dejándonos interpelar: ¿qué esperan los solos de nosotros?

a) La primera instancia donde tenemos un deber ético ante la soledad es la familia. En ella también existe la soledad: en los mayores, en los jóvenes, en los niños; a veces, en los muy conectados (en forma de *bullying*).

---

[7] N. Martínez Gayol, «La pequeña esperanza se abre paso a través de la historia», *op. cit.*

*Yo espero que se refuerce la experiencia de la familia como célula fundamental de la sociedad, y que se cultive el valor de la escuela como espacios de comunión, de relación, de prevención de la soledad sufrida que previene también el suicidio.*

b) Los programas de la primera generación de planes contra la soledad no deseada, van por la línea del refuerzo del entretenimiento (diversión) y la estimulación psicosocial.

*Mi esperanza es que antes o después, descubramos la relevancia de la esperanza de los otros, la que nos haga dar una respuesta ética con compromiso comunitario. La respuesta ética más relevante ante la soledad no deseada es matarla con la relación, con la presencia de calidad, respetando la soledad deseada, la fecunda, la creativa. Es el tiempo de descentrarnos y ocuparnos del futuro de los otros y de sus esperanzas.*

c) Las entidades (también administraciones públicas) que tienen pendiente este campo de interés, (la soledad no deseada), habrán de activarse para dar sentido a su función, que es atender a las necesidades de la ciudadanía.

*Yo espero que siga creciendo la cultura del cuidado. Vernos como «ciudadanos» nos hace bien, empodera a los profesionales, refuerza a los cuidadores informales, desvela necesidades de las personas solas en casa. Espero que demos el salto del «¿qué debo esperar?» kantiano, al ocuparnos recíprocamente y esperar para los demás y con los demás*[8], *particularmente con los más solos.*

4. Espero que los planes de humanización se difundan y alcancen a los protagonistas, se implementen las propuestas universalmente y ganemos todos en salud y evitación de sufrimiento evitable por soledad no deseada.

a) Varias CC. AA. tienen planes o estrategias de humanización. Otras han empezado a analizar la fragilidad y vulnerabilidad, vinculada especialmente al envejecimiento y la dependencia. Es escasa la atención a la experiencia de la soledad sufrida, también en internamiento e institucionalización, incluso en UCI.

*Cabe esperar que los planes de humanización incorporen la variable de la soledad y en el mundo de la salud y del sufrimiento humanos.*

b) Los planes de humanización habrían de integrar la conciencia de la necesidad de promover competencias blandas, las que ayudan a que los profesionales sanitarios sean palancas, ángeles de esperanza, anclajes que eviten esa soledad no deseada evitable por eventuales incompetencias relacionales. Buenos profesionales ayudarían así a vivir la soledad existencial.

---

[8] J. García Roca, *Voces y susurros de la esperanza*, 31 Lineamenta, n. 7, XIII Asamblea Ordinaria del Sínodo de los obispos, 2011, en: A. Cordovilla, *Crisis de Dios y crisis de fe. Volver a lo esencial*, Sal Terrae, Santander 2012, 21-24.

*Mi esperanza es que las facultades de ciencias biomédicas y los planes de formación continua integren la formación que se necesita para acompañar la soledad en clave de esperanza cambiante y constantemente re-significada: de curarse, a ser cuidado, a ser acompañado, a ser religado y vivir conectado.*

c) La desinstitucionalización, nacida con pretensiones de humanizar el cuidado a los enfermos mentales, a las personas con discapacidad, a las personas en situación de dependencia, está afectando también al final de la vida y acortando las estrategias de derivación de los casos complejos a UCP.

*Mi esperanza es que se revisen los recursos y no se desprestigien las instituciones de cuidado (residencias), porque lo pagan los enfermos y las familias con déficit de cuidado al final.*

5. Espero que las personas con discapacidad, de cualquier tipo, no sean excluidas de nada por esta razón, sino que sean respetados sus derechos y no abandonados a una soledad sufrida.

a) El mundo de la discapacidad es muy variopinto, sobre todo con mirada global. Aún hay personas atadas en los bosques, sacrificadas por nacer con discapacidad. Aquí hemos humanizado mucho, incluso cambiando el lenguaje en la Constitución (no inválidos ni minusválidos). Hay mucho abandono de personas con discapacidad y hay insuficiente respuesta de ayuda social a las personas con discapacidad (que comporta en ocasiones dependencia, necesidad de ayudas técnicas, apoyos de cuidadores…).

*Yo espero que aprendamos universalmente a crear una cultura de la idéntica dignidad de todos los seres humanos, que permita a las personas con discapacidad reinventarse y no resignarse, adaptarse y no quedarse al margen, en la soledad, en la sordera, en «casa» (sin ocio, sin cultura, sin vínculos).*

b) Hay discapacidades relacionales que nacen de historias de abusos y humillaciones no narradas. Son soledades mudas, secretas, ocultas, que discapacitan relacionalmente.

*Yo espero que las personas que han optado por una soledad aparentemente deseada, pero que es nicho de mucho sufrimiento mudo, encuentren espacios de confianza suficiente y de competencia narrativa, que les ayuden a empalabrar el sufrimiento y salir de la soledad sufrida.*

c) El alzhéimer genera mucha soledad silenciada, que ni siquiera protesta, que no interpela por incapacidad de denuncia social.

*Yo espero que el alzhéimer no sea un tema relegado socialmente, generador de soledad que provoca indignidad social. Confío en la terapia de la dignidad, en el voluntariado generoso que hace milagros con la caricia y la presencia que estimula.*

6. Espero que el mundo de los cuidados paliativos alcance tales cotas que «nadie prefiera morir a vivir dignamente». Espero que nadie muera solo con dolor y síntomas evitables mediante estrategias paliativas. Espero... que ¡nadie muera solo! Y mucho menos violentamente. Que no falten familiares, profesionales y voluntarios que sostengan la mano en los últimos días.

a) En cómo se muere en una sociedad se define buen grado de su logro, incluso, digámoslo, en sentido común. La máxima fragilidad del final de la vida nos desafía. El elogio y conquista del respeto por la autonomía han dado pie a la ley según la cual también decidir sobre cuándo morir se convierte en un derecho, en contexto eutanásico, un servicio más en la cartera de servicios de la sanidad pública.

*Mi esperanza es que nadie llegue a desear la muerte antes que la vida por soledad, por falta de control adecuado de síntomas, por falta de recursos paliativos que cubran la posibilidad de vivir dignamente el final; que nadie desee morir antes que vivir por razones de precariedad social, en particular, de soledad no deseada por abandono o falta de relación suficientemente significativa como para constituir un ancla de esperanza, un agarradero a la vida en el respeto de su dignidad ontológica.*

b) Pero la soledad al final de la vida también se produce en cuanto agonía en solitariedad, aunque rodeado de cuidadores de guardia. A mi juicio, aumenta progresivamente la tolerancia a la agonía en soledad, normalizándola incluso en instituciones que quieren ser virtuosas y que tienen fuerte componente espiritual y comunitario.

*Mi esperanza es que rescatemos la pasión que tenía san Camilo, por ejemplo, por cuidar lo que entonces se llamaba «el tránsito» y hoy quizás situación de últimos días u horas (SUD), descrita más en clave clínica que como reclamo ético-social.*

c) Los cuidados dignos al final de la vida son un privilegio de algunos países, y los mórficos son una posibilidad solo al alcance suficiente de unos pocos.

*Yo espero que la humanidad despierte en clave global. La universalización de los cuidados paliativos al final de la vida, no ha de ser un privilegio oncológico de algunos países de Europa o de pequeños reductos del mundo, sino realmente universal, porque el desarrollo humano, o es integral, o no es desarrollo.*

7. Espero que se promueva el *counselling* como metodología y modelo relacional para acompañar fundamentalmente de manera presencial los sufrimientos de las personas.

a) La soledad no deseada tiene una parte de experiencia existencial. Nadie la suplirá ni siquiera con presencia física continuada. Nadie tiene nuestra fiebre, nuestra diarrea, nuestra necesidad de cirugía... por nosotros. Nadie nos quitará la experiencia biográfica de estar solos ante nuestro diagnóstico, nuestro pronóstico, nuestro tratamiento, nuestra rehabilitación, nuestra paliación. Nadie tendrá mi dolor y nadie se morirá por mí. Escribía Jovell: «Cáncer es sinónimo de soledad. La estética del sufrimiento en la sociedad del bienestar obliga a la ocultación de la enfermedad. Este sentimiento húmedo nadie te lo va a explicar mejor que un paciente de cáncer. A la soledad de la muerte le precede la trágica soledad de la enfermedad. Y cuanto más pronto comprendas y sepas convivir con tus silencios mejor te sentirás contigo mismo. Es el descubrimiento de la espiritualidad»[9].

*Yo espero que la intransferibilidad de la experiencia de la soledad existencial sea comprendida, consolada, acompañada empática y compasivamente por expertos escuchas que alivien su virulencia, que ayuden a empalabrarla y así reducir su aguijón. En algún momento escribí: «También nosotros sabemos, desde nuestro conocimiento profundamente asentado en nosotros, intuitivo, que ningún amor o amistad, comuna o colectividad, ningún hombre o mujer serán capaces jamás de satisfacer nuestro deseo de vernos aliviados de nuestra condición de solitarios». Mi*

---

[9] A. JOVELL, *Cáncer. Biografía de una supervivencia, op. cit.,* 242.

*esperanza es que haya voluntarios suficientes y preparados para promover la dignidad ética en el mundo de la salud.*

b) La soledad del duelo es tan especial que ningún modelo interpretativo o propuesta de acompañamiento alcanzará a escudriñarla o vacunar contra el sufrimiento por la muerte de un ser querido. Si podemos exclamar con Bécquer «Dios mío, ¡qué solos se quedan los muertos!», también podemos exclamar, ¡qué inaferrable, y a veces inenarrable, es el sufrimiento del afligido, del doliente!

*Mi esperanza es que también sintamos que el duelo plantea desafíos éticos, y que la bioética desarrolle líneas de humanización del abordaje del duelo complicado, y, particularmente, mi esperanza es que a nadie le falte un Centro de Escucha competente, organizado, sin listas de espera, con la debida supervisión como para garantizar oasis de comprensión que reduzcan la experiencia del sufrimiento evitable en el duelo, que sepan ayudar a empalabrar el dolor, pero también que sepan acompañar a recordar sanamente, porque cuidar el recuerdo también es resucitar cuando se logra el desembarazo de esos malos recuerdos que solo hacen sufrir en soledad más inenarrada que inenarrable. «¡Cuántos daños hacen los demonios en las almas por medio de la memoria [...]; cuántas tristezas y aflicciones!», decía san Juan de la Cruz en* Subida al Monte Carmelo *(3 S, 4).*

Dice un poema de Selan Wearing:

«Dicen de mí que,
después de ti,
me he quedado solo:
no comprenden la soledad.
Antes de ti
yo ya estaba solo,
pero aún no lo sabía».

c) La soledad puede ser aliviada por los crecientes centros de escucha y por la sensibilidad reclamada con nuevo ímpetu en espacios como la Iglesia. Por ejemplo, en el Sínodo sobre la sinodalidad, se ha planteado incluso la eventualidad de considerar la escucha como un nuevo ministerio.

*Pero mi esperanza es también que logremos una cultura de la escucha (que el* counselling *nos ayude), para rescatar el valor que, en algún momento, en muchos lugares, tuvo el farmacéutico, el médico de familia, el panadero, el cura, el vecino (¡!) y, sin duda, el amigo, como referentes anti soledad no deseada. Mi esperanza es que honremos la verdad que Zubiri, en su libro* La soledad sonora, *expresaba así: «Quien se ha sentido radicalmente solo es quien tiene capacidad de estar radicalmente acompañado. El hombre es un animal de encuentros».*

8. Espero que la inteligencia artificial y la robótica alcancen un espacio racional, reflexionado, de apoyo,

deliberada y reflexivamente elegido, tras discernimiento ético, como auxilio en la soledad.

a) Si Dios había muerto, como habrían confirmado Nietzsche y demás maestros de la sospecha, ahora ha vuelto a «resucitar», entre comillas. Se llama Inteligencia Artificial y tiene el poder de dar vida a los muertos. Y algunos quieren chatear o interactuar con ellos por el poder de la inteligencia artificial.

*Yo espero que la ética sea llamada en causa suficientemente como para que el dinamismo científico técnico no camine nunca sin la mano de la reflexión ética que se hace más urgente y necesaria que nunca. Porque la relación recuperada con la IA en el duelo, aunque deseada ansiosamente, no mata la soledad. El duelo se hace peor que en la soledad.*

b) Por otro lado, existe la posibilidad de que la IA mate la soledad, o intente aliviarla, o vivirla… con vínculos como las «novias digitales». El porcentaje de relación a distancia está aumentando: en Estados Unidos, 14 millones de parejas (28 millones de personas) mantienen una relación a distancia. En España el 8 % de parejas se vinculan bajo el modelo LAT (*Living Apart Together*), o «tú en tu casa y yo en la mía».

*Mi esperanza es que la soledad encuentre ayuda en la tecnología moderna, que la tecnología tenga siempre la categoría de valor instrumental, incluso que aprendamos de la tecnología en materia de mirada global, visión integrativa de la información y las evidencias, pero a la vez, que pongamos en valor la carne, lo carnal, la presencia física, con todas sus potencialidades de humanización y sentido.*

c) La poesía, con sujeto, toca el corazón, activa las neuronas espejo, hace sentirse acompañado por un misterioso tú que es capaz de cantar la soledad, como lo hicieron tantos poetas, como Lope de Vega, (s. XVI), a quien se deben estos versos. *Espero que revaloricemos la poesía con sujeto, que siga viva la mística, que cantemos como Lope:*
*A mis soledades voy,*
*de mis soledades vengo,*
*porque para andar conmigo*
*me bastan mis pensamientos.*

9. Contra la soledad no deseada, en la soledad no deseada, espero que a nadie le falte un Tú trascendente, un interlocutor incondicional, siempre accesible, vivido en clave de genuina confianza, referente íntimo para cada ser humano que, libremente, quiera acogerlo como fuente de relación y sentido.

a) Algunas instituciones han sido importantes a lo largo de la historia en el refuerzo de la dimensión comunitaria (la Iglesia, Cáritas) y la soledad aumenta, curiosamente, a la vez que también se desprestigian estas instituciones.
*Cabe tener esperanza en que cultivemos una mirada más positiva a la dimensión religiosa,*

*cultual, ritual, caritativa, compasiva, supe-*
*rando la mirada negativa por las sombras de*
*las mismas, porque, por su propia naturaleza*
*socio-comunitaria, generan menos soledad. Y*
*espero que redescubramos socialmente la rele-*
*vancia de la dimensión espiritual que promueve*
*el equilibrio entre soledad-comunión.*

b) Recuerdo que esto mismo me dijo mi padre cuando le informé de que me habían destinado a Roma, casi sin inmutarse: «Hijo, en todos los sitios hay Dios». Que es como decir: «no estarás solo».

*Por eso, espero tener el cuajo suficiente para*
*abandonarme confiadamente en Dios, como*
*me abandono confiadamente en tantas perso-*
*nas, y que esto no signifique nunca quedarme*
*con los brazos cruzados en la soledad sufrida,*
*mía o ajena. A Dios le pido que aprendamos a*
*cultivar más el agradecimiento que el pesar.*

c) Yo creo que Dios ha hablado siempre por boca de los profetas y de ejemplos de santos. ¡Qué soledad tan grande la de los mártires! Yo espero que siga hablando a través de referentes religiosos[10].

---

[10] La esperanza teologal es el «hilo de lo alto» que sostiene desde el centro todas las esperanzas humanas. El hilo de lo alto es el título de la parábola del escritor danés Johannes Joergensen. Habla de la araña que se descuelga de la rama de un árbol a lo largo del hilo que ella misma produce. Posándose en un cercado teje su red, obra maestra de simetría y funcionalidad. Tensa por los lados por otros tantos hilos, todo se sostiene en el centro por ese hilo del que ha bajado. Si se trunca uno de los filamentos laterales, la araña interviene,

*El futuro, mi esperanza, en la soledad, quisiera verla como al mirar a la Macarena. No soy andaluz, ni entiendo de imaginería, pero la Esperanza Macarena de Sevilla es una Virgen de la Soledad que, cuando pasa por las calles, al contemplarla, muchos no pueden resistir la exclamación y dicen: «guapa, guapa y guapa». Y promueve sanas vibraciones de empatía ante la soledad. Yo espero que las convicciones de fe tengan poder de quitar a la soledad su aguijón, porque también crean vínculo y dimensión comunitaria. Y porque la esperanza religiosa es que el amor, que es el que sana la soledad, permanezca siempre (1 Cor 13,13). Ya decía Gabriel Marcel que amar significa decir «no has de perecer», «tú no morirás». Realmente, es una pena vivir sin desear eternidad. El amor es el contenido de la esperanza y el amor mata muchas soledades no deseadas (a la vez que genera otras).*

10. Espero que la esperanza (redundante) se llame fraternidad universal[11] y que el prójimo nunca sea ni un

---

lo repara; pero si se rompe el hilo de arriba todo se distiende y la araña desaparece porque ya no hay nada que hacer. Es una imagen de lo que sucede cuando se trunca el hilo de lo alto que es la esperanza teologal. Solo esta puede anclar las esperanzas humanas a la esperanza que no falla. Esperamos a Alguien. La esperanza cristiana siempre tiene un carácter relacional, implica alteridad. N. Martínez Gayol, «La pequeña esperanza se abre paso a través de la historia», *op. cit.*, 12.

[11] Francisco, en el *Te Deum* del 24 de diciembre de 2024.

enemigo para la guerra ni un indiferente para el abandono. Espero, por eso, que el amor sea el monarca universal de un único Reino y que no exista soledad no deseada y haya espacio suficiente para la soledad fecunda y sonora.

a) La desesperanza, como la esperanza, son contagiosas. Los profetas de mal agüero siembran alrededor desánimo también infundado. Son capaces de mirar con lupa los indicadores de la trayectoria negativa de los hechos. Predicen lo peor y lo justifican por las experiencias negativas que, siendo reales, no son las únicas de la propia vida, ni las exclusivas de la humanidad. ¿Vamos a un futuro con más soledad no deseada? No lo sé.

   *Por eso mi esperanza es mi invitación a que paremos esta trayectoria con nuestra respuesta ética de compromiso individual y colectivo. Espero que nos subamos más al carro de la cultura del encuentro, de nuestro ser dialógicos, de dar valor a la carne, a la encarnación, a la presencia.*

b) La cultura posmoderna ha puesto en valor lo participativo, los grupos, los equipos de trabajo, lo comunitario, sobre todo en el mundo laboral.

   *Yo espero que esto no minimice las exigencias virtuosas y la fecundidad y creatividad en la soledad. Que la transparencia y honestidad habiten también la conducta individual: que las actitudes que cultivamos en la soledad laboral, sean sanas.*

c) El esperanzado se niega al sinsentido en la soledad. Contagiar esperanza tiene que ver con atribuir un sentido, con empeñarse de corazón en que, en el fondo, todo tenga un sentido, aunque el deseo inmediato se vaya viendo frustrado. Un sentido que no se encuentra con facilidad en plena adversidad, porque se hace duro el tránsito por la crisis, por el desierto, por el sufrimiento, por la frustración.

*Por eso, mi esperanza es que caminemos juntos, siendo unos para otros anclas, anclajes, agarraderos de confianza, testigos de esperanza. El futuro será también del color del que juntos lo pintemos. Yo tampoco sé definitivamente cómo hacerlo. Estoy improvisando. La fraternidad universal –con sus implicaciones éticas radicales y cotidianas– es la respuesta a la soledad no deseada, es el futuro más posiblemente deseado por quien la sufre. No pasar de largo es nuestra responsabilidad.*

## Concluyendo

Espero que nunca «sea mejor estar solos que mal acompañados». Y, como espero, me comprometo (*homo viator / homo pugnator*), en la medida de mis posibilidades y comunitariamente, con el alcance realista del Centro de Humanización de la Salud que dirijo.

La esperanza es el presente del futuro. Sana y predispone saludablemente porque refuerza biológicamente, psicológicamente, relacionalmente, espiritualmente. La esperanza refuerza el sistema inmunitario, hace más eficaces los productos que ingerimos para mejorar (medicinas), da solidez a las relaciones de ayuda, habita a la persona con buenos pensamientos positivos, invade el corazón con claves de fuerza, resistencia y empuje.

Me pregunto: ¿seré un iluso por mirar al futuro con esperanza, hablando de soledad no deseada? Al responder, me comprometo contra ella y os invito a hacerlo conmigo. Si hay esperanza, vayamos juntos.

# Cerrando el libro

Los que aún creemos en los libros, y apreciamos también tener uno entre las manos, damos un valor infinito a las palabras. Porque ellas pueden, junto con otros aspectos de la comunicación (los no verbales), hacer de este mundo un lugar amigable, fraterno, de encuentro sano y sanante. Por eso, las palabras merecen tanto respeto y por eso hay que cuidarlas de manera sagrada.

Al empalabrar el sufrir, lo estamos dotando de sentido, estamos buscando a alguien en quien depositar el significado de nuestro vivir, de nuestro pensar y sentir, de nuestras sombras y luces. Empalabrar es como vestir la realidad de humanidad, colorearla de expresiones variadas, ennoblecerla con dignidad que acaricia la divinidad. El sufrir empalabrado pierde su virulencia, encuentra un cauce, hace eco en uno mismo, en primer lugar, y cultiva la esperanza de la compasión, de la comprensión empática, de la luz que nace de la escucha liberadora.

El ser humano no solo busca ser escuchado, sino que también «*desea con ansias la leche pura de la palabra, como niños recién nacidos*», como dice el autor bíblico (1 Pe 2,2). Ciertamente, «*la palabra es una realidad viva y poderosa, y más cortante que cualquier espada de dos filos. Puede penetrar hasta lo más profundo del alma y del espíritu, hasta la médula de los huesos, y juzgar los pensamientos y las intenciones del corazón»* (Heb 4,2). Las palabras pueden ser *«lámpara a nuestros pies, luces en nuestros senderos»* (Sal 119,105) y en los de aquellos a quienes acompañamos.

Dice Benedetti[1], rescatando la maravilla del poder de la palabra y descubriendo bellamente su naturaleza:

La palabra pregunta y se contesta,
tiene alas y se mete en los túneles,
se desprende de la boca que habla
y se desliza en la oreja hasta el tímpano.
La palabra es tan libre que da pánico,
divulga los secretos sin aviso
e inventa la oración de los ateos;
es el poder y no es el poder del alma
y el hueso de los himnos que hacen patria.
La palabra es un callejón de suertes
y el registro de ausencias no queridas,
puede sobrevivir al horizonte
y al que la armó cuando era pensamiento,
puede ser como un perro o como un niño
y embadurnar de rojo la memoria;
puede salir de caza en silencio
y regresar con el moral vacío.
La palabra es correo del amor,
pero también es arrabal del odio;

---

[1]   https://encimadelaniebla.com/el-poder-de-la-palabra-i/

golpea en las ventanas si diluvia
y el corazón le abre los postigos.
Y ya que la palabra besa y muerde
mejor la devolvemos al futuro.

¡Cuánto daño puede hacer el recuerdo de la palabra! ¡Cuánto bien puede producir su evocación saludable! ¡Cuántas heridas puede curar cuando es fármaco nacido de la fábrica del silencio!

«El que oye estas palabras y las pone en práctica es como un hombre prudente que construyó su casa sobre la roca» (Mt 7,24), dice el evangelista, poniendo ante nosotros el poder que tiene la palabra más honda y rica que podamos escuchar: la Palabra de Dios.

Aunque «el poco hablar es oro, y el mucho es lodo» –como dice el refrán–, al cerrar estas páginas, yo brindo por la relación, por el poder de empalabrar el sufrimiento. Puesto que «más vale una palabra a tiempo que cien a destiempo» –dice otro refrán–, la que toca, en este final es también la de siempre: mi gran agradecimiento a Dios por la vida y al lector por acoger este trabajo en sus manos, con mi esperanza de que contribuya a conjugar el verbo tras el que vivo cotidianamente: *humanizar*.